コクヨの結果を出すノート術

コクヨ株式会社

三笠書房

はじめに

1冊のノートで「頭の整理、仕事の整理」が自由自在！

皆さんこんにちは。

私たち「コクヨ」は、日本で一番ノートを売り、文房具をはじめとした様々な商品を企画・販売しつづけている会社です。

大変おこがましいのですが、世間からは、**「ノートのスペシャリスト集団」**といった見方をされているようです。

そのコクヨの社員が、「いったいどのようなノートの使い方をしているのか？」——。

本書は、そうした素朴な疑問から生まれました。

いまはデジタル・モバイル全盛の時代。アナログ・ツールのノートは、その対局に位置する存在です。

では、質問。以前と比べて、ノートの販売冊数は増えたでしょうか？　それとも、減ったでしょうか？

じつは……、**ノートの販売冊数は減るどころか、年々増え続けています。**コクヨだけでも、年間1億冊のノートを販売しています。

業務の効率化やペーパーレス化が叫ばれて久しいはずなのに、なぜ、ノートの需要は減らないのでしょうか？

それは、いつの時代も、「**ノートが仕事の成果を高める有効なツール**」だから――。

アイデアをメモしたり、記録をまとめたり、記憶を残したり、資料づくりの下書きに使ったり……。

頭であれこれ考えていると、10分でも20分でもかかることを、ノートを使えば、短時間で答えが出せます。ノートに書くだけで、「**頭の整理、記録の整理、記憶の整理**」が簡単にできるのです。

「論より証拠」。これからコクヨ社員が実践する「100のノート術」をご紹介します。

ノートの取り方は、「100人いれば100通りの方法がある」と思われがちです。

でも、実際にコクヨの社員たちのノートを見比べてみると、「**仕事で結果を出す人のノートには、共通の型がある**」ことがわかったのです。

たとえば、「疑問や重要事項は吹き出しで明示」「商談メモには優先順位のマークをつける」「ノートをタテに3分割して使う」「基本は青か黒、書き足しは赤いペン」などといった、「わかりやすい工夫」が見られます。なかには、

「え、罫線、まったく無視しちゃうの？」

「『上下、逆さまから書く』って、いったいどういうこと!?」

といった、常識に縛られない「**自由なノートの使い方**」もあります。

皆さまが想像されるような「キレイにまとまったノート」は少数かもしれません。また、「高度な手法」というよりは、1分もあれば実践できる「簡単なメソッド」が中心です。

いずれの使い方も、「方眼」「横罫」「無地」という3種類の定番ノートの特徴を活かした、「**結果を出すノート術**」です。

ぜひ、見て楽しんでいただくとともに、皆さまの成果につながるノート活用のヒントとしていただければ幸いです。

コクヨ株式会社

『コクヨの結果を出すノート術』◇もくじ

Part 1

方眼ノート――「結果を出す」メソッド50

Part 2

横罫ノート――「結果を出す」メソッド30

Part 3

無地ノート——「結果を出す」メソッド20

企画協力　渡邉 理香
本文DTP　宇那木 孝俊

Prologue

ノートで「仕事の結果」は変わる!

あなたの仕事・人生のサポーターとなる3つのポイント

自由に書くのを楽しもう

思うままに書くと、思考が止まらない

「ノートに書く」という作業をすることで、脳が「こうしたい」と思ったことを即座に表現することが可能です。

たとえば、デジタル上では、ある言葉を線で囲もうとしても、囲むカタチはどうしよう、太さはどうしよう、色はどうしよう……と、脳が指令を出してから表現し終えるまでにタイムラグが生じます。

その点、ノートの手書きは、脳に近いところにいる感覚で作業でき、気持ち→即、行動へとつながり、ストレスを感じません。

思ったことを思い通りに表現できると、人は満足します。楽しい気分になります。そこからエンジンがかかって、良いアイデアを思いつくこともあります。

手書きで思うままに書けて、むやみに思考を止めないからこそ、できるのです。

9 ノートはあなたの「広大な記憶領域」になる

ノートには、書き留めたときの「瞬間」も記録できます。「瞬間」とは「そのときの自分の想い」、そして「空気感」です。

たとえば、スマートフォン内のカレンダーに「必ずやる！」と入力するよりも、ノートに手書きで「必ずやる！」と乱暴に書き殴ってあるほうが、「そうだ。あのとき、『すごい大事だ』と感じてたんだ。必ずやらなきゃ！」と実感できます。

同様に、ノートに飛び抜けて大きく書かれている文字や、ぐるぐると線で囲まれたキーワードらしき言葉なども、一見して「重要だ」と実感できます。文字を見た瞬間、その言葉を発した人の表情までも鮮明に思い出せることだってあるでしょう。

よって、ノートは索引のようなものであって、ノートを見ただけで、そこに紐付いている「広大な記憶領域」を、時空を超えて呼び寄せられるということです。

つまりは、「ノートは紙面以上の記録領域を持っている」ということです。これを利用しない手はありません。

パフォーマンスを高めるルールをつくろう

ノートは「アウトプット」を意識しながら書く

目的を持つことで、ノートにメモする内容が変わってきます。

たとえば、「あの人に教えよう」「次の会議で話してみよう」などと、その後の行動を意識しながら書くと、単なる記録ではなく、伝えることを前提にした強弱のあるノートになります。

「うちの部の会議では、ここを絶対に伝えなくちゃ」「これは必要ないな」といった視点を入れ込むので、より実践的なノートができあがるのです。

そのようなノートには、見聞きしたメモだけではなく、関連して自分が発想したことを付け加えて書くことも多いはずです。それは、アウトプットを前提に書いているからです。

あふれる情報を整理して、優先順位をつける

コクヨ社員のノートを見て、まず感じたのは、「情報の順位づけ」を重要視して、自分なりのルールを決めている人の多さです。色や記号を使ったり、書く位置を工夫したり、優先順位を表示するルールを決めて書いている人がたくさんいます。

「ノートの中で、いかにメリハリをつけて書くか」ということは、ノートを活用していくうえで大きな鍵となるのでしょう。

逆に言えば、情報がありすぎて、ただ平坦に書いていると、大事なことが埋没し、見逃してしまう可能性があるということです。

たとえば、ゼロから企画をつくるときにも、ノートの中で、いきなり最善のキーワードは生まれません。取捨選択され、徐々にワードが絞られて誕生するのです。

ノートの中で、あれこれ模索や整理ができるしくみをつくりましょう。

ノートは「行動」で使い分けよう

「自分はどうありたいのか?」を考えてノートを選ぶ

「自分はどうありたいのか、どう行動したいのか?」「何に重点を置いて仕事をしていきたいのか?」

仕事で使うノートを、「めざす方向」や「なりたい自分」に近づくためのツールとしてとらえて選ぶという方法があります。

たとえば、図で考えをまとめたり、論理力を鍛えたいと思ったら「方眼ノート」、議事録やデータを正確にまとめたいから「横罫ノート」、とことんクリエイティブを意識したいから「無地ノート」など。スポーツをするときにスポーツウエアを着るように、行動で着るもの(ノート)を着替える(替える)というイメージです。

インプット用かアウトプット用かで、ノートを選ぶ

業務の性格に応じて、複数のノートを使い分けるという方法があります。その使い

分けのパターンは2種類。

ひとつは、インプット用（会議や打ち合わせの記録）に横罫ノート、アウトプット用（考えやアイデアを整理する）に方眼ノート（あるいは無地ノート）という方法。

もうひとつは、サイズ（大と小）で分けるパターンで、脳みそ代わりに使うノート（データや議事録をメモ）は小さなノートで、発想したり考えたりするのは大きめのノートという使用法。

いずれも、頭の使い方や業務内容に合わせてノートのサイズや罫線の有無を選ぶことで、業務の能率アップが期待できるということです。


本書では、「行動」でノートを使い分けている事例が数多く集まりましたので、便宜的に「Ｐａｒｔ１　方眼ノート」「Ｐａｒｔ２　横罫ノート」「Ｐａｒｔ３　無地ノート」の3編に分けてご紹介しています。

ノートの選び方・使い方は、あくまでも「自由」ではありますが、気になる使用法がありましたら、ぜひ、あなたのノートでも試してみてください。

この章で使えるノート

あると便利なアイテム

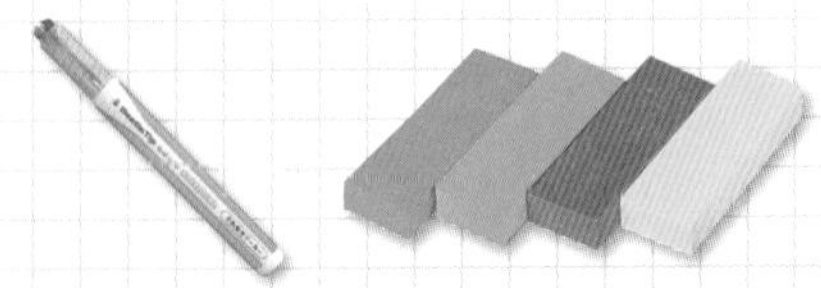

Part 1

方眼ノート

「結果を出す」メソッド50

- 大量の情報を効率的に整理して活用する!
- アイデアのアウトプットから資料作成まで

001

「日付」と「タイトル」を右上に書く

メモの「始まり」と「終わり」をはっきりさせる

会議の記録などには、方眼ノート（A5サイズ）を使っています。書くときには、日付とタイトル（会議名やテーマなど）を最初に記入し、そこに何が書かれているのか、ひと目でわかるようにしています。ページの途中から書き始めるときには、前のメモと混ざらないようにヨコ線を引いて、区切りを明確にします。

基本的には、話の流れに沿ってどんどんと書き進めていきますが、キーワードになりそうな言葉や重要事項は、線で囲んだり、「■」や「☆」などのマークをつけたり、下線を引いて強調します。

ページを戻って追記したいときや、後から確認しなければいけないことは、ふせんに書いて貼っておき、後からまとめて処理。会議の結論や自分がすべきことなども目立たせたいので、いったん線を引いて区切ってから改めて記入します。

Point
メモの右上には、日付とタイトルを記入して、線で囲む

WORK SIGHT

2015/11/12
work sight説明会

Well-being at Work @Australia

medibank　Austalia最大 保険会社

Activity Based Working ✓好きなところで働いてOK
✓オフィスは one of them

目の前に上司・部下がいない前提 → ノートPC, スマホ, iPー

☆オフィス：オフィスに来るほうが生産的であると感じさせる

relax space：瞑想できる静かなところ
集中：個人のクローズスペース

→ 普通とは違う
・自然光
・inspilation
・collaboration

役員 space：重厚 ⇒ 明るくカジュアル
思考を変える

NAB National Australia Bank

ABW3.0 私で働くことに注力

Point
話が変わるときや、重要なことを書く前には、線を引いて区切る

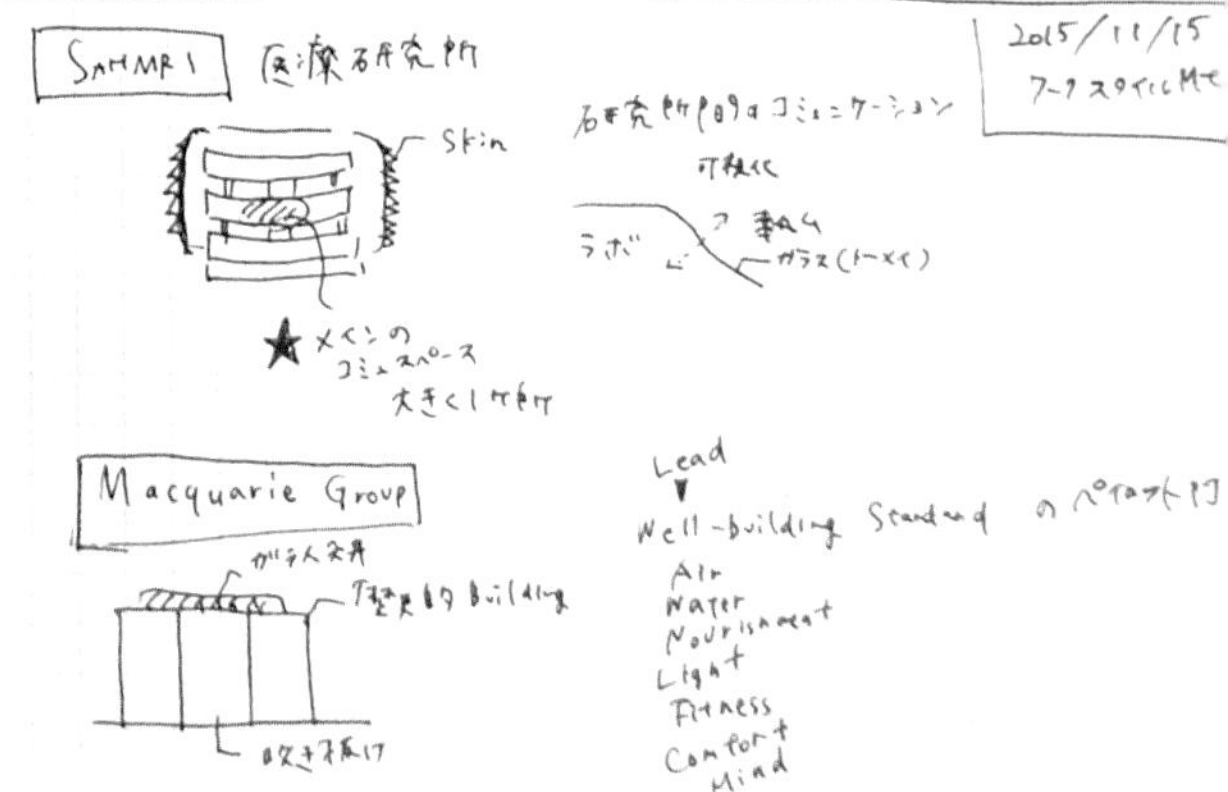

002

提案書の「構成」は手書き

A4とA7のノートを用途別に使い分ける

A4とA7サイズの2種類の方眼ノートを使い分けています。

A4サイズのノートは、打ち合わせ内容を記録したり、提案書の構成を練ったり、詳細設計の下書きなどに使っています。A4サイズだと、打ち合わせの後にページを切りとって案件ごとの資料とまとめてファイリングできるのが便利。

提案書を作成するときは、ノートに構成を手書き→確認→作成（または依頼）の手順で進めます。在宅で勤務している日は、スマートフォンでノートをパパッと撮影した画像を関係者に送って確認してもらうことも。方眼ノートは罫線がガイドになるので、提案書のサムネイルが書きやすいです。

A7サイズのノートは、タスク管理や重要事項のメモに使います。スマホとセットで持ち歩けるサイズなので、移動中の電車の中でも確認できます。

Point
提案書の流れを一覧できるので、漏れや無理がないか、簡単に確認できる

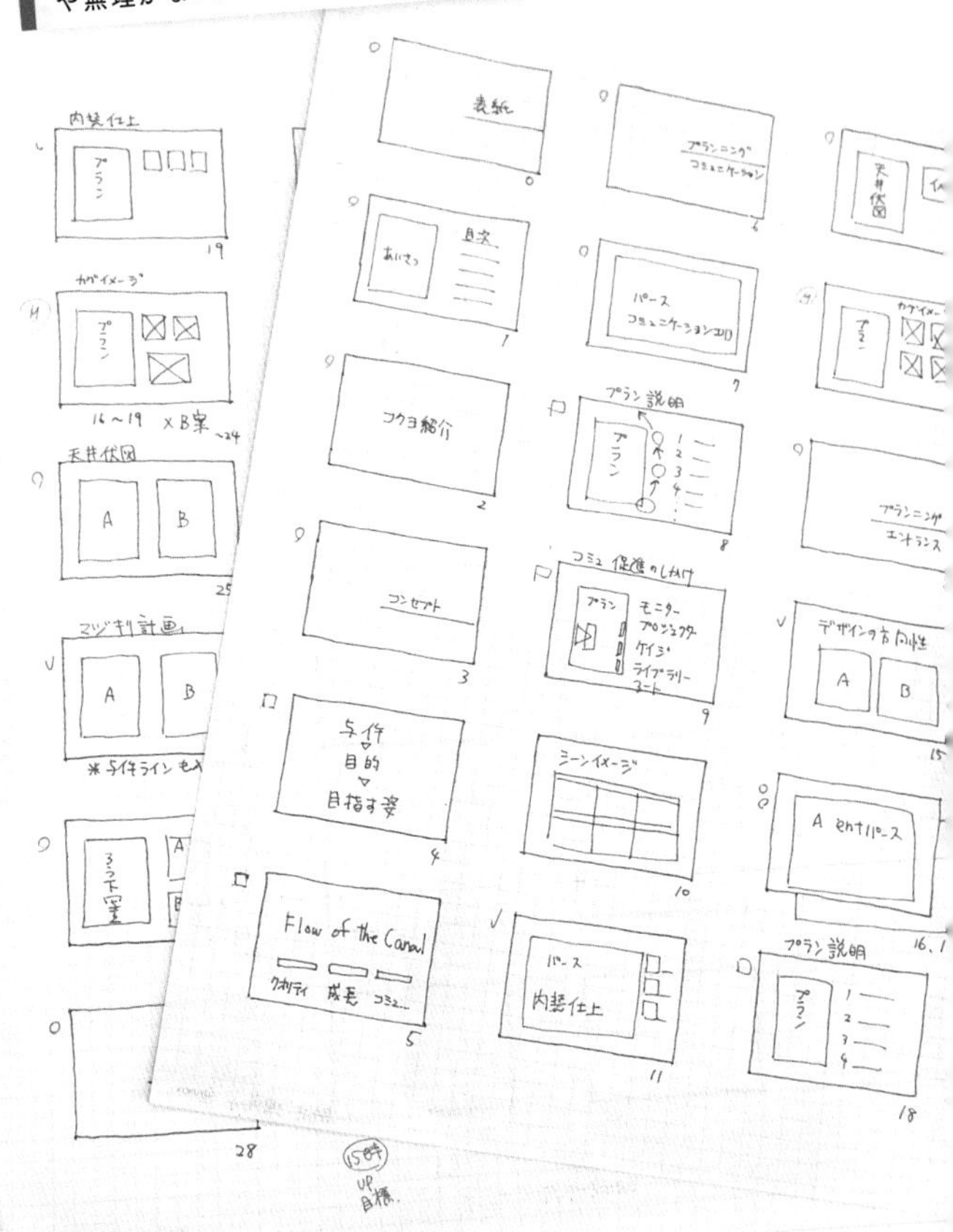

切り離しやすいパッドタイプを使用。青色の罫は、コピーしたときに罫が写り込みにくい

003

商談メモには優先順位のマークをつける

打ち合わせのメモが、即、「ＴｏＤｏリスト」になる

罫線にとらわれず、自由に書き込みたいので、Ａ５サイズの方眼ノート（もしくは無地ノート）を使っています。

方眼のマス目は、横罫に比べると主張しないので、重要度に応じて文字の大きさを変えるときにもジャマになりません。

ノートをとるときには、もちろん「記録する」という意味合いも重要ですが、「後から見返す」ことも意識しています。

理想は、商談時にとったメモが、そのまま「ＴｏＤｏリスト」になること。ですから、やるべきことに優先順位をつけて、その場でマーカー（ピンクは「優先順位・高／すぐやる！」、イエローは「優先順位・中／早めにやる！」など）や印など、わかりやすい目印を記入します。

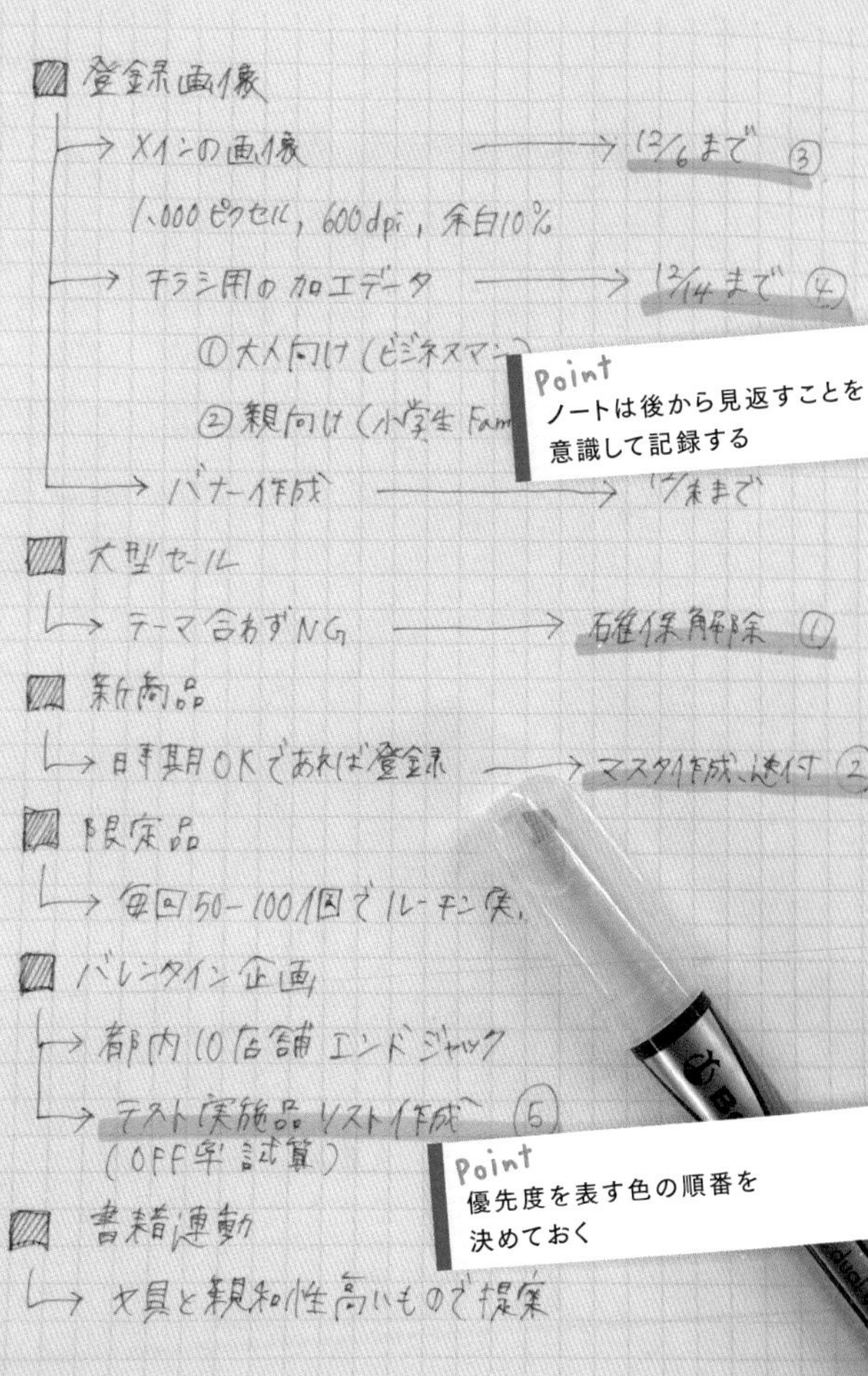
登録画像
→メインの画像 → 12/6まで ③
1,000ピクセル, 600dpi, 余白10%
→チラシ用の加工データ → 12/14まで ④
①大人向け（ビジネスマ
②親向け（小学生 Fam
→バナー作成 → 12/末まで
大型セール
→テーマ合わずNG → 確保解除 ①
新商品
→時期OKであれば登録 → マスタ作成、送付 ②
限定品
→毎回50-100個でルーチン実
バレンタイン企画
→都内10店舗 エンドジャック
→テスト実施品リスト作成 ⑤
（OFF率試算）
書籍連動
→文具と親和性高いもので提案

Point
ノートは後から見返すことを
意識して記録する

Point
優先度を表す色の順番を
決めておく

004

ポイントは「図解」で記録する

図解すると記憶に残りやすく、人に説明するときにも活用できる

Ａ４とＡ５サイズの方眼ノートを用途によって使い分けています。Ａ４のノートは図解やスケッチなどの企画系の業務で利用、Ａ５のノートは、打ち合わせのメモなど、持ち歩き用のノートとして使っています。

ノートに記録するときは、図解を意識して記入します。

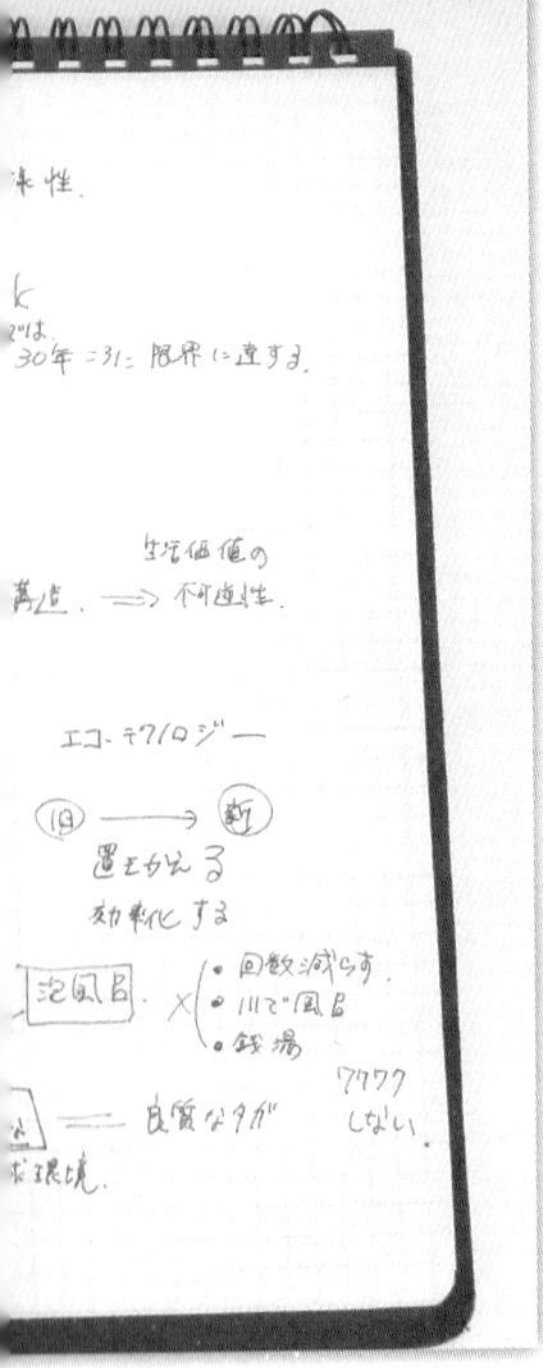

図解しておくと、文章よりもスピーディーにポイントを書け、後で見返したり、人に説明するときにもわかりやすく、記憶にも残りやすいと感じています。

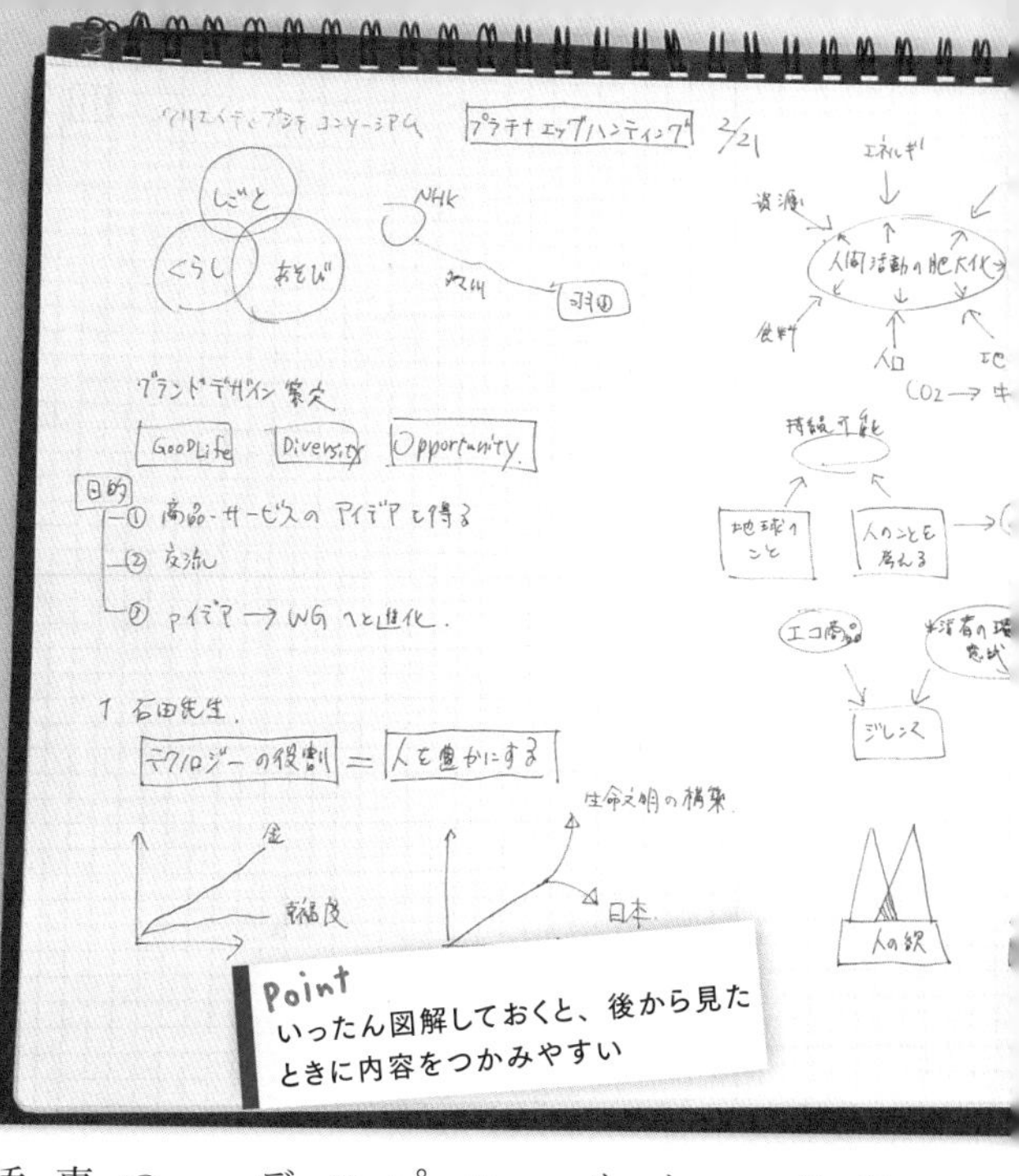

Point
いったん図解しておくと、後から見たときに内容をつかみやすい

　また、効果的に色を使ったり、相手の発言だけでなく、そのときに「自分の印象に残ったこと」「自分が感じたこと」「自分が発想したこと」もあわせてメモをします。

　必要に応じて、スマートフォンで使えるコクヨの無料アプリ「CamiApp（キャミアップ）」でノートを撮影し、データ化して活用しています。

　データが手元にあると、いつでもスマホで確認でき、仕事の関係者に手軽にメールに添付して送れるのも便利です。

005

日付を入れてスマホで撮影

サイズにかかわらず、スマートフォンで記録する

学生時代に建築を専攻して以降、方眼ノートを愛用。社会人になってからも、アイデアや検討したことを視覚的に残したいので横罫ノートは使いません。長らくA4サイズをベースに使ってきましたが、スマートフォンを記録媒体として活用するようになってからは、サイズへの執着がなくなってきました。

たとえば、ブレインストーミングのような発散型のミーティング時には、A3サイズのコピー用紙やホワイトボードに自由に書いて、最後に撮影して残します。

現在は、スーツの内ポケットやデニムの尻ポケットにも入る測量野帳を多用しています。ホテルやカフェレストランなど、気になった空間は、広さとレイアウトがわかるようにスケッチを。日付も記入し、それをスマートフォンで撮影してデータとして残します。

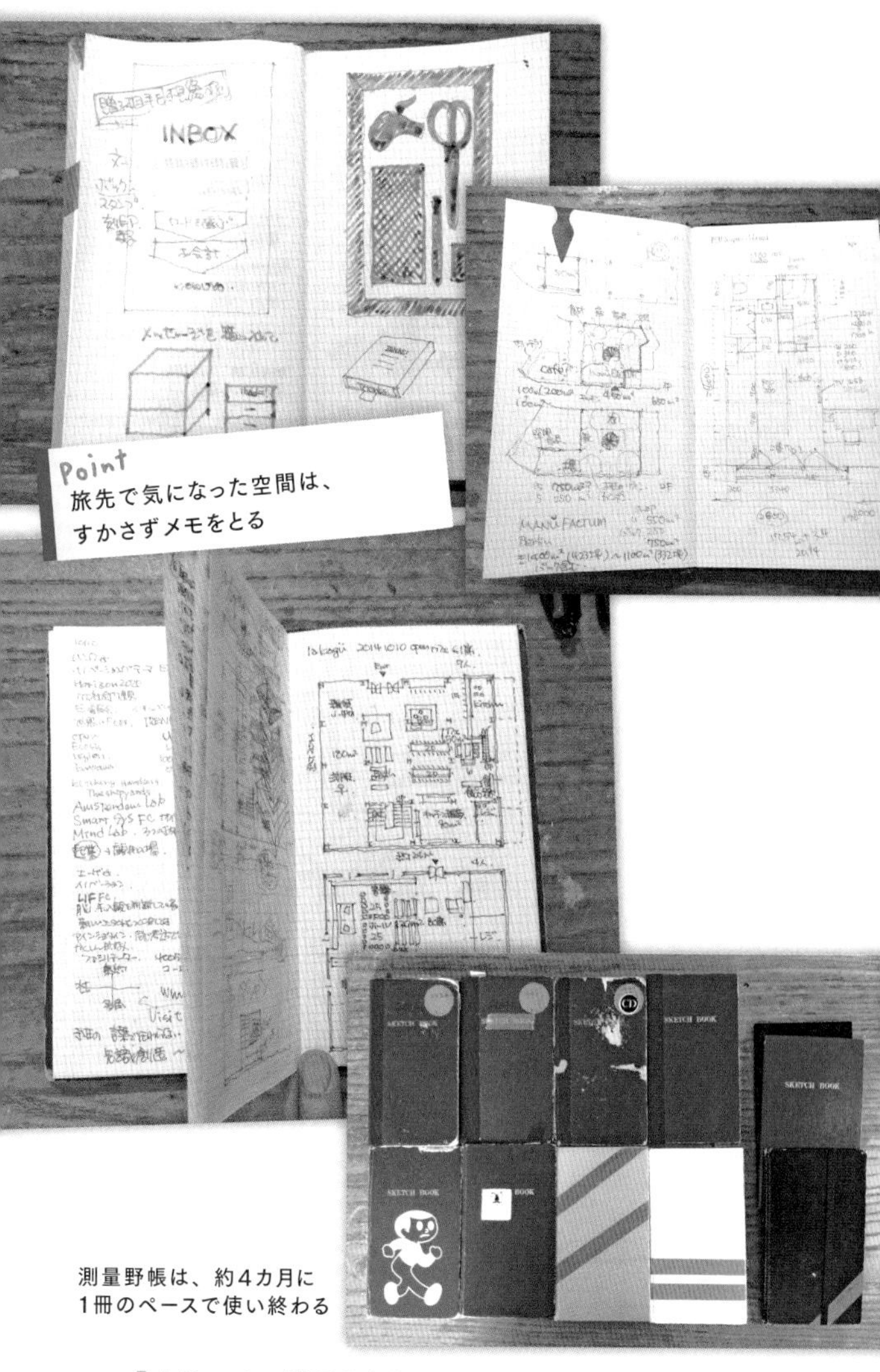

Point
旅先で気になった空間は、
すかさずメモをとる

測量野帳は、約4カ月に
1冊のペースで使い終わる

006 手持ちで書くなら「リングノート」

書くときの安定感を重視するなら、表紙が厚めのノート

Ａ５サイズの方眼ノートを愛用しています。持ち歩くときに大きすぎず、書くときに小さすぎず、ちょうどいいのが、このサイズ。

５ミリ角の薄いモノクロラインの方眼は、うるさすぎず、図形や文字を書く際のガイドラインになります。

お客様のオフィスに伺うときには、オフィス内を歩きながら現状の問題や要望などをお聞きする機会が多くなります。そうした状況で立ったまま手持ちで筆記しやすいのがリングノート。きっちりページをめくることができ、いつでもノートを平らにした状態で書けます。

さらに、表紙が厚め素材のノートを選べば、片手で持ったときの安定感が増します。

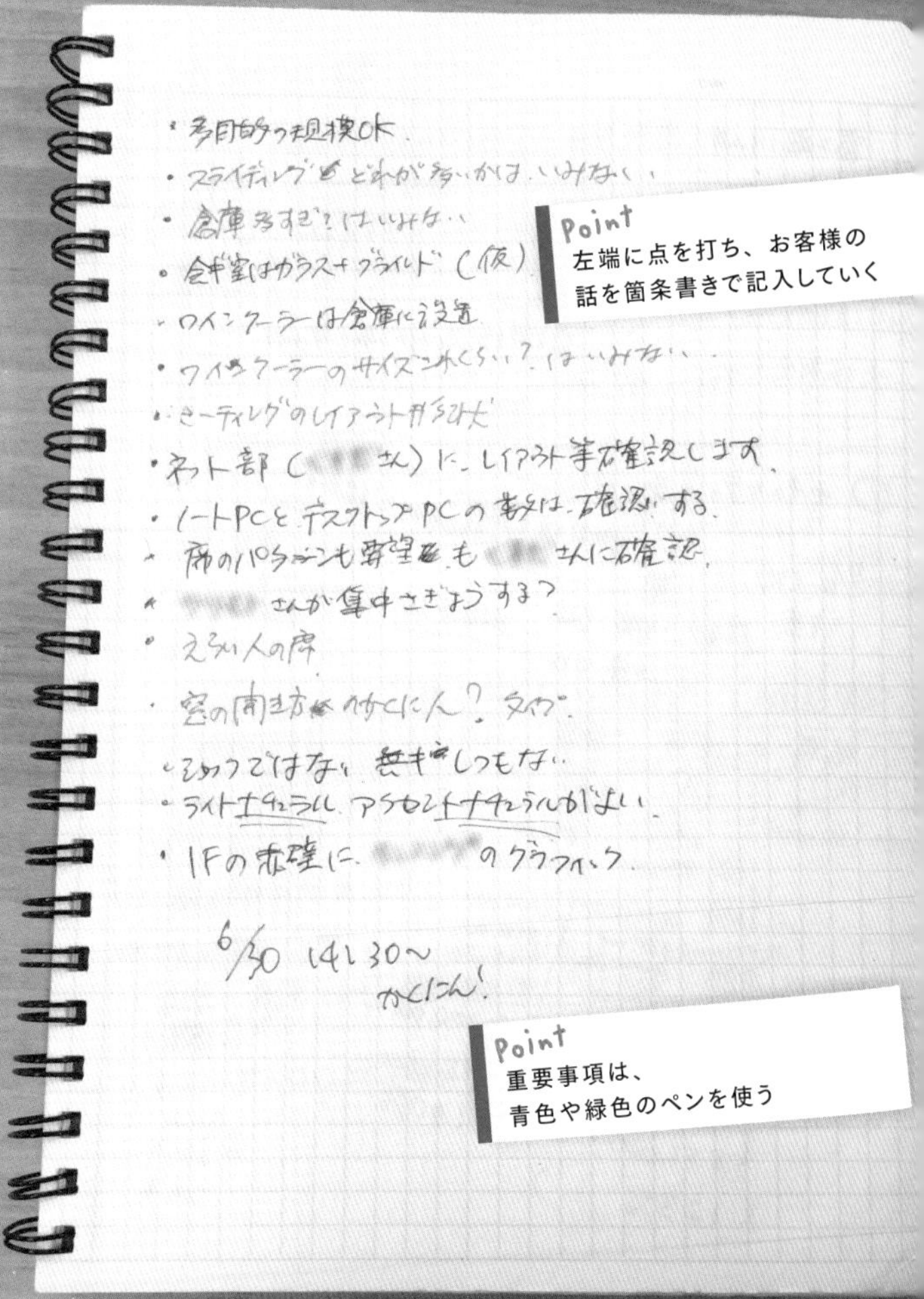

Point
左端に点を打ち、お客様の
話を箇条書きで記入していく

Point
重要事項は、
青色や緑色のペンを使う

007

疑問や重要事項は吹き出しで明示

基本は青色で書き、強調したいことを赤色の吹き出しで記入

A5サイズの方眼ノートを使用。メインで使っているペンの色は青色です。青色で基本事項や枠組みを記入して、そこから赤色のペンで補足したり、重要事項を書き足していくことが多いです。

青色で記述するメリットは、方眼の色が薄いグレーなので、ノートをカラーコピーしても方眼のモノクロの線と記入した内容が混ざらず、見づらくならないことです。かつ、「青色のペンを使うと、集中力が持続する」と、よく言われますので、おそらく能率アップに役立っているのでは……と。

「疑問に思ったこと」「思いついたこと」「重要なこと」「必ずやるべきこと」などは、赤色の吹き出し文字にしたり、文字に波線を引きます。それほど手間をかけずに、わかりやすく強調することができます。

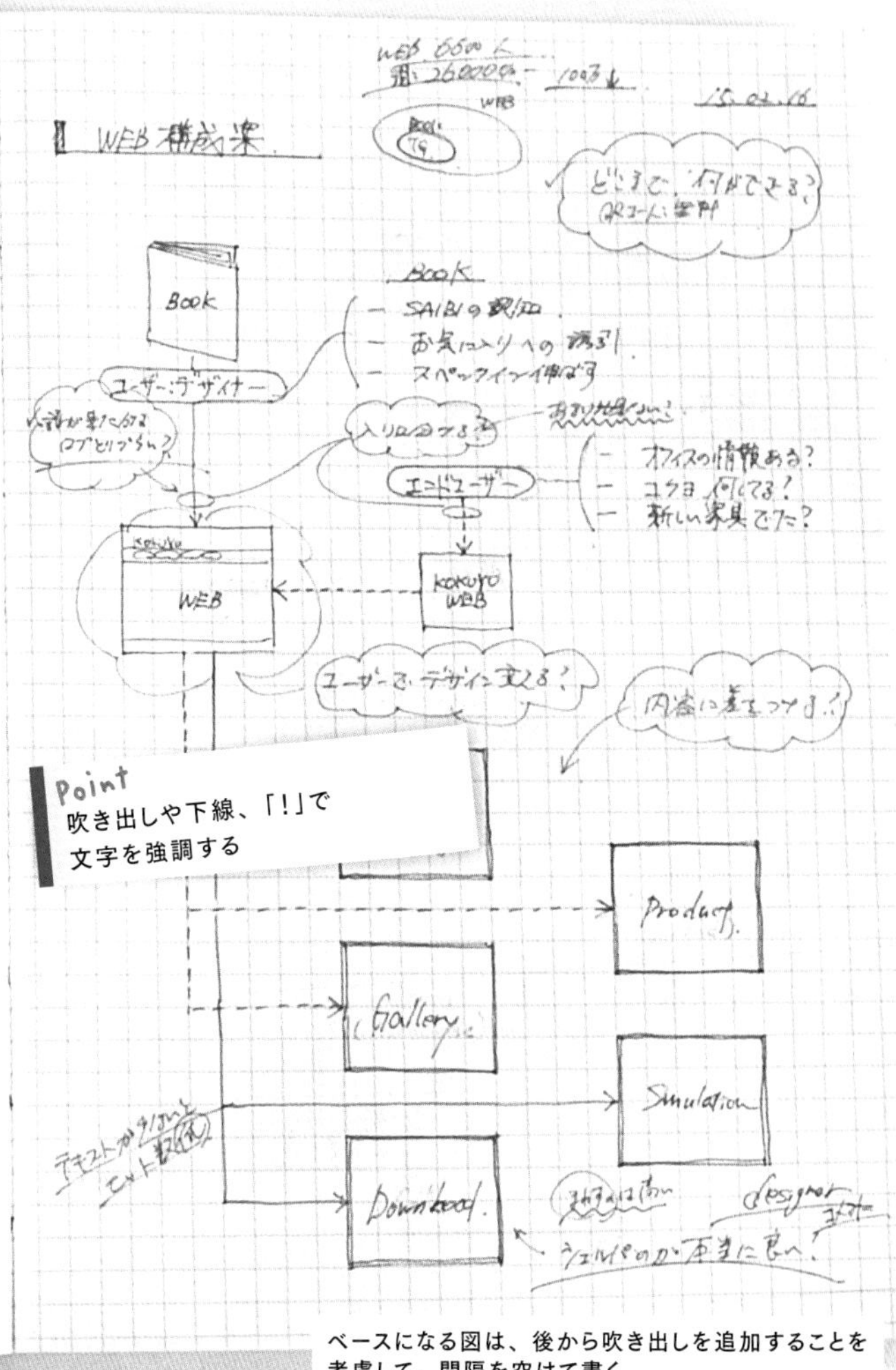

Point
吹き出しや下線、「!」で
文字を強調する

ベースになる図は、後から吹き出しを追加することを考慮して、間隔を空けて書く

008

「案件ごと」に1ページにまとめる

目の前のお客様に、ほかのページが見えないように気遣う

上部に件名や日時、場所などを書く欄が独立してあり、その下の記述欄が方眼になっているA4サイズのリングノートを使っています。

営業職なので、お客様の前でメモをとる機会が多いのですが、リングノートはページを完全にめくれるので、お客様に前のページが見えない状態でメモがとれます。訪問（案件）ごとに1ページにまとめてメモをとっておくと、見直しがしやすく、議事録としても利用できます。

方眼のフォーマットは、レイアウトなどもキレイに書けます。客先で書いたレイアウトのメモを、そのまま社内での設計打ち合わせ資料に転用することもあります。また、ノートを写真に撮ってデータとして活用する際も、薄い方眼はジャマにならず、見やすい資料がつくれます。

[illegible] 様 三鷹
技術1号館
2016 2 16

3/14 ~ 3/25 納品

3/14 竣工式の予定 PM OK. 13:00開始.
TV会議システム、WBは3/18予定
3/24 養生撤去予定.
配線 3/16 ~ 18
3/3、4 墨出し作業(夜) 1F
3/16 [illegible] ラック.

EV2機OK. ☆専用運転可能か確認. ☆10t搭乗OKか? ☆ロビー床材は?
自動ドア使用可能. 朝7:00-8:00 他の社員専用になる.
土足禁止. 昼12:00-13:00も車は×.
夜 21:00までOK.
☆喫煙所
10:00-10:05
15:00-15:05 社員喫煙時間.
☆食事、トイレの使用場所(1号館1F) MAX 40名程度の作業員
☆入門方法は警備室に確認する. 駐車スペース確認
サーバーの移設は2016.夏くらい?

・転用イスの設置場所 3月1週目に確定する.

新人分と中途採用分は追加発注の予定(4月1日~使用) 40台程度
└→ 4/11 配送予定 <3月上旬に決定予定>

・掲示板に取付られるフック
・デスクマット机1枚の見積、TSデスク用のもの
・見積リストを頂だいする(追加分)
・行先掲示板 3種類
・ロッカー見積依頼、ロッカー3月中には入れたい 2Fの人数分は入れたい. LK-4F1 80台
(1,2号館の現地調査) 2/27 or 3/5 2~4名 9:00-17:00

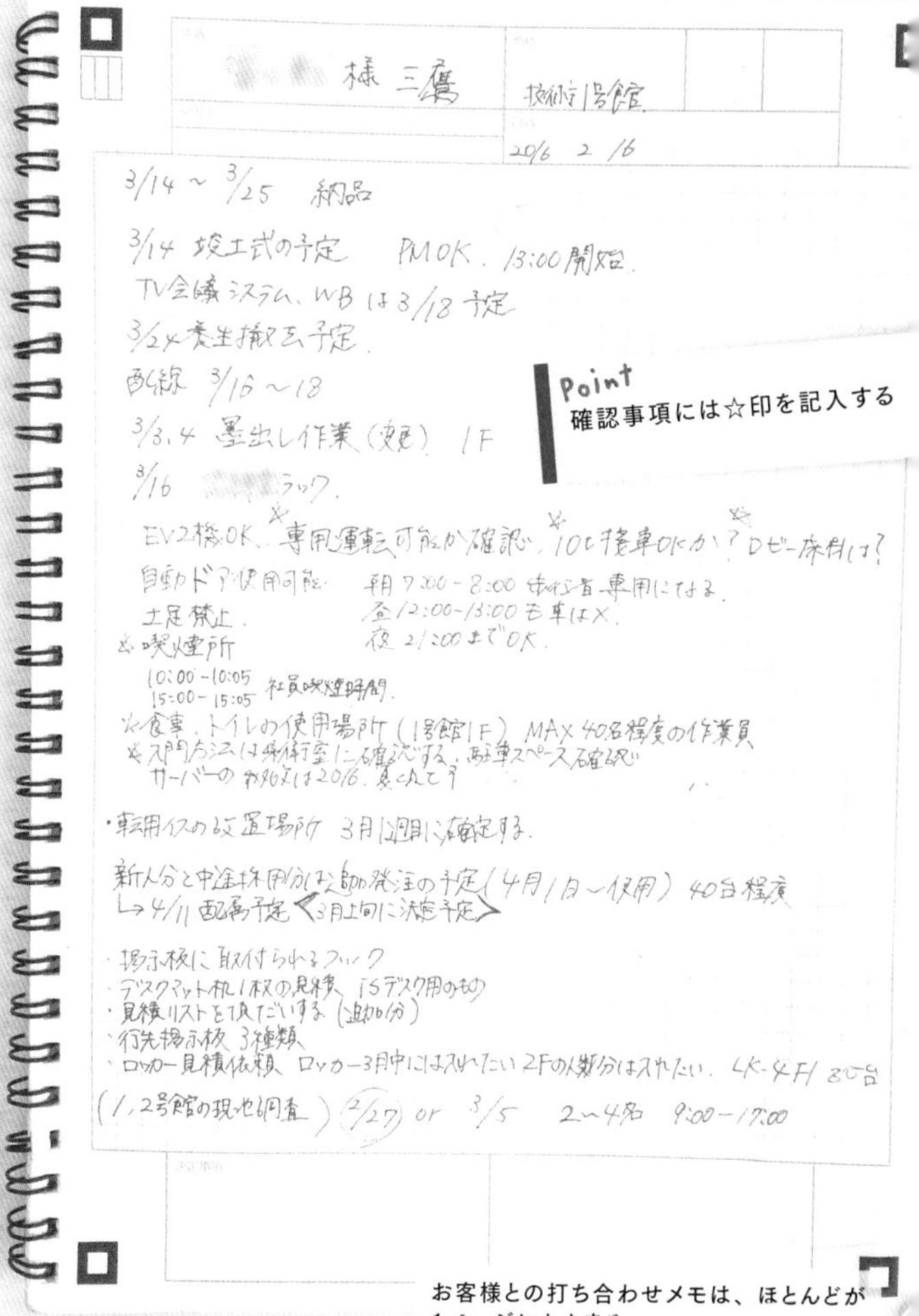

Point
確認事項には☆印を記入する

お客様との打ち合わせメモは、ほとんどが1ページにおさまる

009

聞きたいことは事前にメモ

聞き忘れを防ぎ、商談の進行にも役立つ

スリムB5サイズの方眼ノートを使用。以前、B5サイズのノートを使っていたときには、ページの右端に余白ができていたので、スリムB5（B5サイズよりも約3センチ、ヨコ幅が短い）が、自分の書き方に合っていると思います。また、このサイズは手帳と一緒に持ち歩きやすいです。

ノートには、ヒアリングや商談の前に、ある程度のスペースを空けながら先に自分が聞きたいことをメモしておきます。その場で聞き忘れるのを防ぐだけでなく、相手との話を効率的に進めていくのにも役立ちます。

使い終わったノートはスキャンしてiPadに入れて持ち歩きます（目安は3年分くらい）。リングノートをスキャンするときは、リングを簡単に外すことができる「リングノート用リムーバー」という器具を使うと便利です。

Point
後から書き足せるように、ある程度のスペースを空けながら書く

訪問相手や日付など、カッコで囲んだ記述のある行が、お客様を訪問する前に記入しておく部分

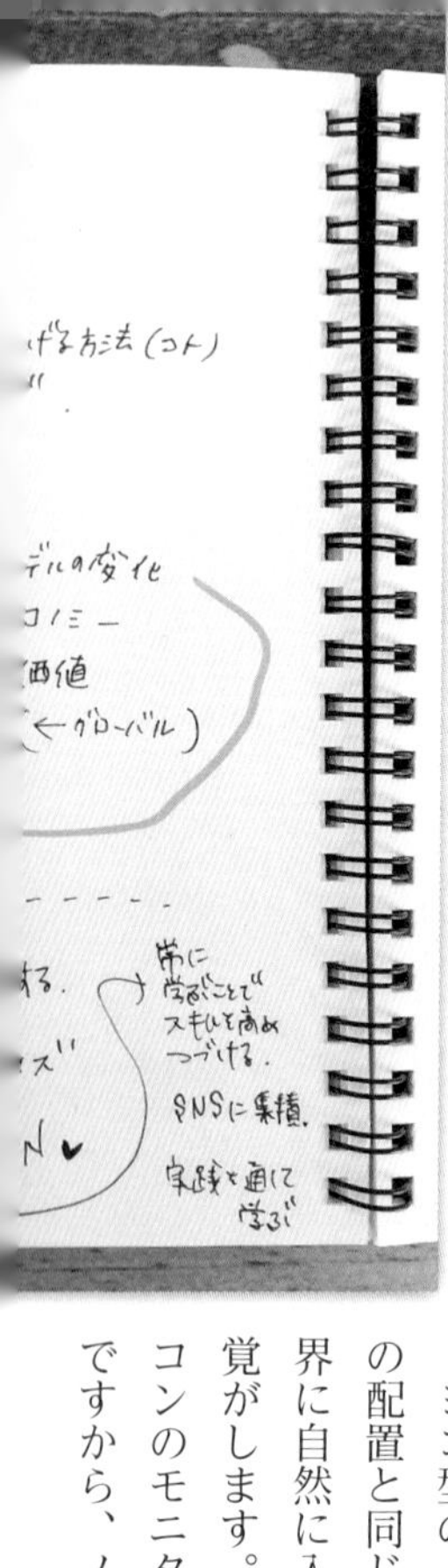

010 ヨコ型のノートを使う

ヨコ型のノートは、パソコン作業への移行がスムーズ

手帳（A5サイズ）とヨコ型のドット方眼ノート（B5サイズ）、メモ用紙（ベージュ色の5ミリ方眼をA4用紙にコピーして自作）の3種類を用途に合わせて使い分けています。重要なことや業務の決定事項は手帳に書き、B5サイズの方眼ノートは、情報分析や構想を整理するときに使います。

ヨコ型のノートは、目の配置と同じなので、視界に自然に入ってくる感覚がします。また、パソコンのモニターもヨコ型ですから、ノート上の作

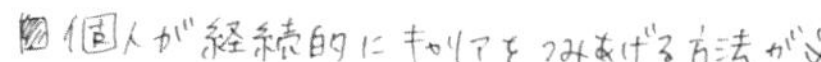

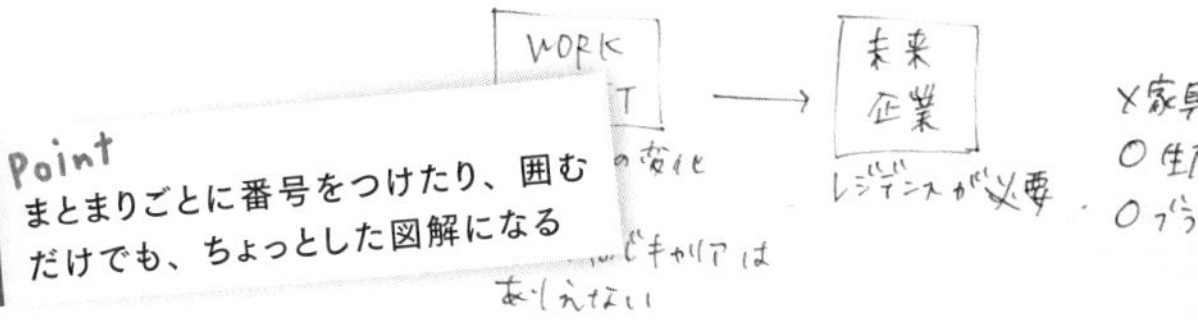

Point
まとまりごとに番号をつけたり、囲むだけでも、ちょっとした図解になる

※上記の写真は、撮影時の光の加減でドットが見えなくなっていますが、ドット方眼ノートです。

業からパソコン作業へ移動するとき、思考の移動もスムーズです。

ドット方眼のフォーマットは、発想を促すガイドラインになり、文字だけでなく図表やイラストが書きやすいです。ドットの色にもこだわって、「頭が冴える」と言われている青色を選んでいます。

011

情報は1冊のノートにまとめる

詳細な製品データや写真をノートに貼る

表を転記したり、必要な文書のコピー（70%程度に縮小）を貼る際、方眼罫があったほうが使いやすいので、方眼ノートを使っています。

B5のノートにA4サイズの書類を縮小コピーして貼ろうとすると、かなり縮小されてしまう（見づらくなる）ので、A4サイズのノートをセレクト。

情報はすべて1冊のノートにまとめます（ダイアリーは別に1冊所持）。1冊にまとめることで、目標金額や顧客からの要望、受注情報、製品情報、気になったことなど、日々の情報の一元化を図ります。

半年から1年でノートを1冊使い切りますが、常時持ち歩くため、通常のノート以上にしっかりした頑丈なノートが必要です。現在は、表紙に耐水性もある「リサーチラボノート（スタンダードタイプ）」を愛用しています。

67

11/1 会議
・　などの進捗が良い。
・二極化が顕著。
・　内での会議で　問題視されている
　予算の未達の状況が悪すぎ」
　決定　同時購入　%オフ、　商品の売り上げ

4Fのみ
前月　を大伸ばした結果

段	番	JAN	商品名	品番	[illegible]
1	1	4901480077734	消しゴム<カドケシ>		
	2	4901480170527	消しゴム<カドケシプチ>ブルー・ホワイト	ｹｼ-U700W	150
	3	4901480217109	WILLACTIC消しゴム	ｹｼ-U750-1	150
	4	4901480061795	コロレーシャープペン ブルー（吊下パック）	F-MPW10?	150
	5	4901480197852	コロレーボールペン ブルー（吊下パック）	F-VPS103B-1P	150
	6	4901480553450	フィットカーブシャープ透明ブルー（吊下パック）	F-VPR105B-1P	100
	7	4901480553474	フィットカーブシャープ透明ピンク（吊下パック）	PS-300TB-1P	100
	8	4901480553665	フィットカーブトリプルペン ブルー（吊下パック）	PS-300TP-1P	300
	9	4901480252643	エアロフィット　ワイドハンドル　スタンダード刃　ブルー	PK-501B-1P	300
	10	4901480252667	エアロフィット　ワイドハンドル　ロング刃　ブルー	ﾊｻ-210B	500
	11	4901480252629	エアロフィット　スリムハンドル　グルーレス刃　黄緑	ﾊｻ-211B	300
	12	4901480252681	エアロフィット　ワイドハンドル　グルーレス刃　ブルー	ﾊｻ-P200YG	350
	13	4901480466958	30カッターナイフ（グリップ付き）青	ﾊｻ-P210B	400
	14	4901480433790	ラッチキス10号50本装填透明ブルー	HA-7NB	400
	15	4901480220055	ステープルポジティ10号1000本×2箱	SL-M71NTB	250
				P3SL-10X2	350
					ｵｰﾌﾟﾝ
2	1	4901480243252	カドケシスティック（本体）ピンク		
	2	4901480243238	カドケシスティック（本体）ブルー	ｹｼ-HU600P	200
	3	4901480243269	カドケシスティック（本体）ホワイト	ｹｼ-HU600B	200
				ｹｼ-HU600W	200
3	1	4901480234984	セキュリティローラースタンプ補充インキ		
	2	4901480243726	セキュリティスタンプかくしタローフラット	IS-R100	500
	3	4901480241180	修正テープ　ケシピコロング5mm幅	IS-F70B	850
	4	4901480026466	修正テープ　ケシピコスリム5mm幅	TW-295	500
	5	4901480814056	パワープリット（吊り下げパック）レギュラーサイズ	TW-235	220
	6	4901480232867	ドットライナースタンプ　本体	ﾀ-PM310-1P	130
	7	4901480232874	ドットライナースタンプ　つめ替え用テープ	ﾀ-DM460-08	400
	8	4901480225845	ドットライナージュニア　本体	ﾀ-D460-08	250
	9	4901480225852	ドットライナージュニア　つめ替え用テープ	ﾀ-DM450-08	270
	10	4901480151908	ドットライナー詰替え本体しっかり貼る	ﾀ-D450-08	180
	11	4901480151830	ドットライナー詰替えテープしっかり貼る	ﾀ-DM400N-08	400
	12	4901480218526	ドットライナーロング　本体	ﾀ-D400N-08	280
	13	4901480218519	ドットライナーロング　詰替え用テープ	ﾀ-DM440-10	600
				ﾀ-D440-10	450
4	1	4901480038339	クリヤーファイルA4・エコノミータイプ透明10枚パック		
				ｸ-780	500
	2	4901480038346	クリヤーファイルA4・エコノミータイプ青10枚パック	ｸ-780BZ	500
	3	4901480038353	クリヤーファイルA4・エコノミータイプ緑10枚パック	ｸ-780GZ	500
	4	4901480038377	クリヤーファイルA4・エコノミータイプ黄10枚パック	ｸ-780YZ	500
5	1	4901480095332	キャンパスノート　セミB5　A罫30枚5冊組	ﾉ-3AX5	750
	2	4901480095370	キャンパスノート　セミB5　B罫30枚5冊組	ﾉ-3BX5	750
	3	4901480095639	カラーキャンパスノートセミB5　B罫　30枚5冊組	ﾉ-3CBX5	750
	4	4901480246956	キャンパスノート　セミB5　ドットA罫30枚5冊組	ﾉ-3CATX5	750
	5	4901480246963	キャンパスノート　セミB5　ドットB罫30枚5冊組	ﾉ-3CBTX5	750

×履歴書 ガムテープ。

脱ポジティ
×安い、Basic 特徴がない

バラ売禁止

高くてもストーリーのある商材

レジ前　コーピー拡大版　関連商材　話題作り
・アルバム　(Basic拡大版)

1段目
(フック)

2段目
(フック)

Point
貼り方は、神経質にならずに、
スピード最優先で！

3段目
(棚)

4段目
(棚)

記入者

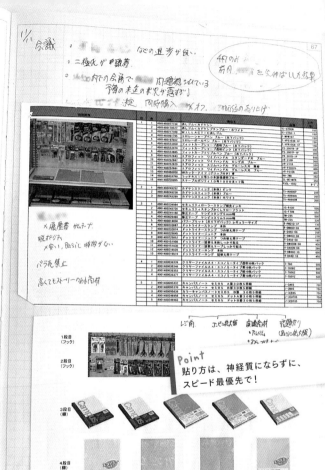

その案件にかかわる製品の一覧表などは、メモのそばに貼っておくと使い勝手がよい

012

図には「言葉や寸法」を添える

ノートの中で考えをめぐらすときには、具体化を重視

マルマンの「Mnemosyne（ニーモシネ）」という方眼ノート（A5サイズ）を愛用しています。

ツインワイヤ綴じのリングノートは折り返して使え、見開きにして使うときにも左右のページでズレが生じないので気に入っています。また、表紙がプラスチック製なので、カバンに入れて持ち歩いているうちに四方がヨレてくることもありません。

方眼ノートは、タテ向き・ヨコ向きを使い分けられ、スケッチや図を描くときのガイドにもなるので使いやすいです。また、ビジネスで多用されるA4サイズの資料も半分に折ってはさんだときに、ちょうどいいサイズ。

デザインなどをノートに描いて考えるときには、図に言葉や寸法なども書き込むと、より思考が具体的になり、アイデアが浮かびやすくなります。

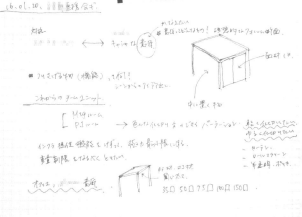

Point
日付とタイトルには下線を引き、目立たせる

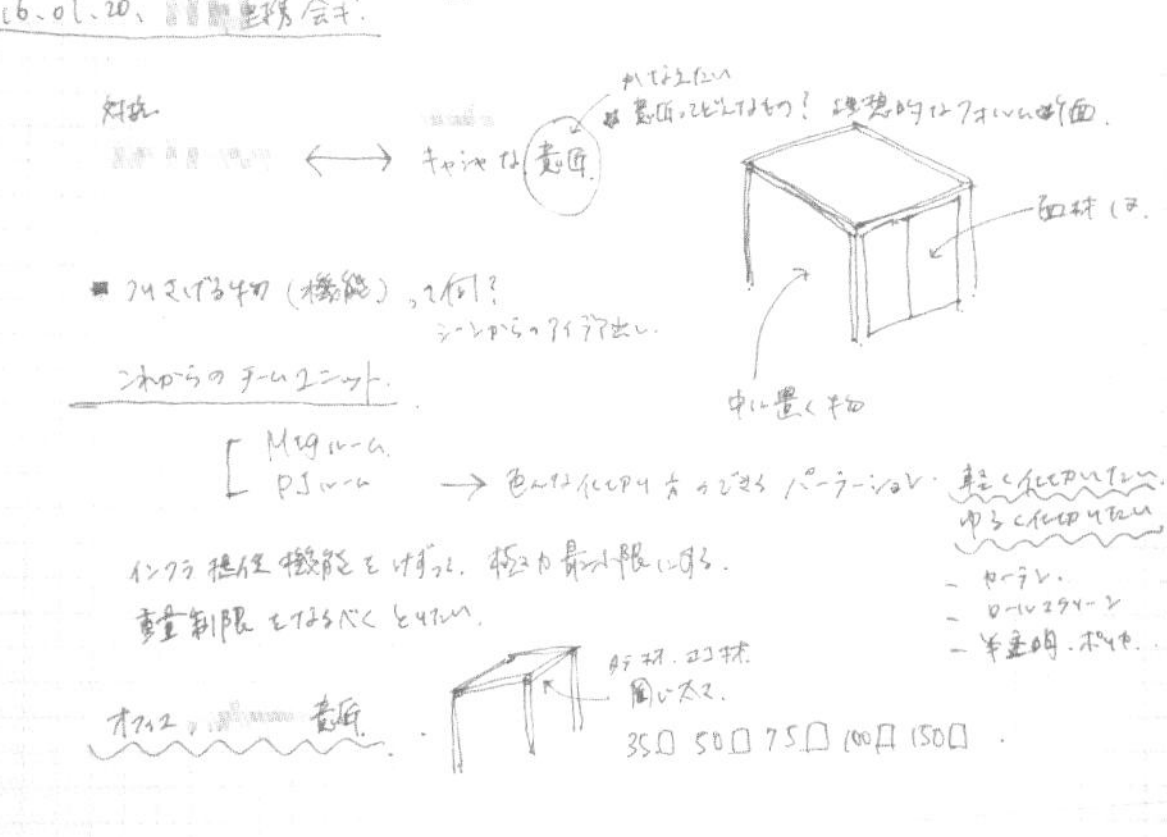

言葉を添えておくと、後から見たときに、その図が何を意図して描かれたのかを思い出しやすい

013 1ページ目に「インデックス」をつくる

インデックスは、片方(利き手の側)に集めてつくる

ノートを使い始めるときには、最初のページにインデックスをつくります。中のページは、該当項目の位置にあるマスを蛍光ペンでマーク。見開きの左ページの案件についても、右ページにマークします(私は右利きなので、ページをめくるとき右端にマークが集まっていると見やすいため)。

たとえば「セミナー」に関するメモを探したいときは、そこに親指を当ててめくっていくと、視線を動かさずにマークが入っているページを見つけられます。

インデックスの項目は、最初にキッチリ決めずとも、「後からこれは探したくなるかも……」というテーマが出てきた時点で追加していくといいと思います。何冊もノートを使っていくうちに、自分の使う項目、使わない項目がわかってくるので、その時々で見直します。

Point
ノートの中にはマークのないページもある（その場限りのメモなど）

目標・計画
WEB
セミナー
MIJS
マーケティング
パートナー
自由研究

ページによっては、複数の項目にマークが入るページもあり、デジタルでいう「タグ」のようなイメージで使っている

014 資料に転用する意識で書く

見やすさを最優先。２色の対比を効果的に取り入れる

イラストやチャート、スケジュール、ロジックツリーなどをサササッと書きたいので、方眼ノートを使っています。無地や横罫のノートでも書けますが、素早く書こうとしたら、やはりガイドになる方眼があるほうが書きやすいです。

Ａ５サイズのノートを使っているのは、持ち歩きやすく、かつ、そのまま見開きでコピーをすれば、すぐに会議の資料サイズ（Ａ４）になるからです。

ノートに書くときには、ほかの人がストレスを感じずにスラスラ読めるレベルを常に意識しています。見やすさを重視して、色の対比を取り入れたり、タテヨコのラインも意識します。

というのも、後からわざわざ会議の資料用にノートを清書したり、デジタル化したりする作業を可能な限りなくして、業務を効率化したいからです。

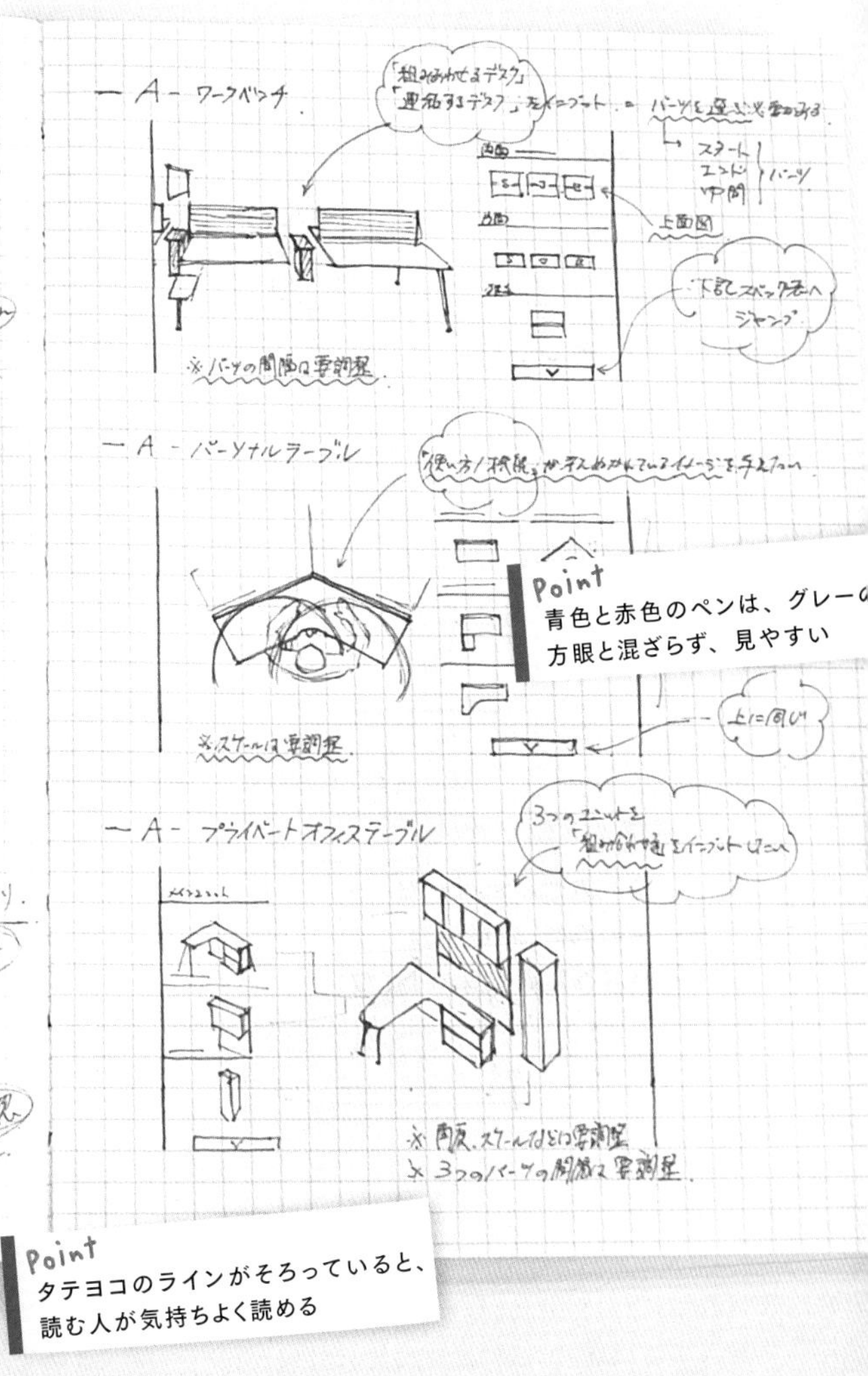

Point
青色と赤色のペンは、グレーの方眼と混ざらず、見やすい

Point
タテヨコのラインがそろっていると、読む人が気持ちよく読める

015

ノートをタテに3分割して使う

打ち合わせに必要な情報は、事前に整理して記入しておく

営業の仕事をしていますが、お客様との打ち合わせ前に、その打ち合わせに必要な内容をノートに整理してから挑んでいます。

ノートはタテに3分割。

たとえば、案件の詳細な内容を詰めていくような打ち合わせの前には、左に日程や予算など、真ん中には案件の詳細情報を事前に書いておき、打ち合わせ中に新しく出てきた事項を右に書き込みます。

後から見てすぐにその日の打ち合わせ内容がわかるようにコンパクトにまとめることを意識し、1回の打ち合わせで使うのは1~2ページ（見開き）まで。別のお客様の案件を記入するときには、次の見開きに移動します。

株式会社 ■■■■ 様　　2016・5・8

■日程案

10月　上司

11月～12月部下

■コスト（予算）案について

半日：■■万
1日：■■万

□3回コース

合計：■■万

上司向け　半日　1回目

1h
・なぜ今女性の活用か？
・女性活用ではなく、個々を活かすことがダイバーシティ
・（成功事例）

2h
■女性部下とのコミュニケーション術
・自ら伸びる環境づくりのために
・OKな質問、NGな質問
・他コミュ術

上司向け　半日　2回目

■チーム内発表
■これからこうする宣言
・職場におけるコミュ改善事項
・○○を提案
・成功事例をシェアして○○をやった方が良いとプレゼン
※WB、フリップチャート、Photo

部下向け　7h

■ウォーミングアップ
■役割は？
・色々な立場の視点から考える
■自分を振り返る
・成功／失敗体験を振り返る
・自分の強・弱
■自分のやりたいことは＆進化させること
・どう自分で活かすか？

※自分をよく知り、求められることを理解し、自分の活かし方を考える。方法を知る。

6/30 打合せ

会場：品川オフィス
NG日は（上司）金よう日
（部下）月初

（9、10、11月中　実施希望）

上司	10月前半
部下	11月後半

☆講師確認

（勤）■■■■

☆研修実施：9:30－17:30
☆2パターン見つもり

・上司2回目も仮おさえ

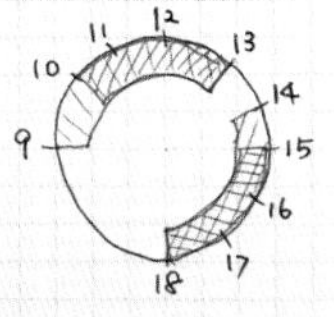

☆講師スケジュール

10月	10/6（木） 10/12（木）	~~10/7（金）~~
11月	11/9（木） 11/17（木）	~~11/11（金）~~

☆の4つカクニンする

Point
重要事項やお客様と合意できた内容は、色ペンで強調する

お客様の信頼を得られるように、準備ノートはほぼ毎回作っている

016 分野ごとにちぎってファイリング

1冊のノートを持ち歩き、すべてを時系列で記入する

図も文字も書きやすいので、A4サイズの方眼ノートを使っています。A4であれば、だいたいの内容が1ページに収まります。ペンは、LAMY（ラミー社）のものを使っていて、インクの色はブルーブラック。思考を止めずにスラスラと書けて、ブラックよりもクリエイティブになれる気がします。

ノートは1冊を持ち歩き、案件にかかわらず、日付順に書き、通常案件以外の内容は、後から分野ごとにちぎってファイリングします（たとえば、「○○プロジェクト」「ありたい姿に向けたインプット」「社外の学び」などに分けています）。

ノートの最終ページには、ふせんをつけておき、ToDoや取り急ぎのメモを書くのに使います。ノートの中に後から見返す必要のない情報が増えすぎて、必要な情報が埋没してしまうのを避けるためです。

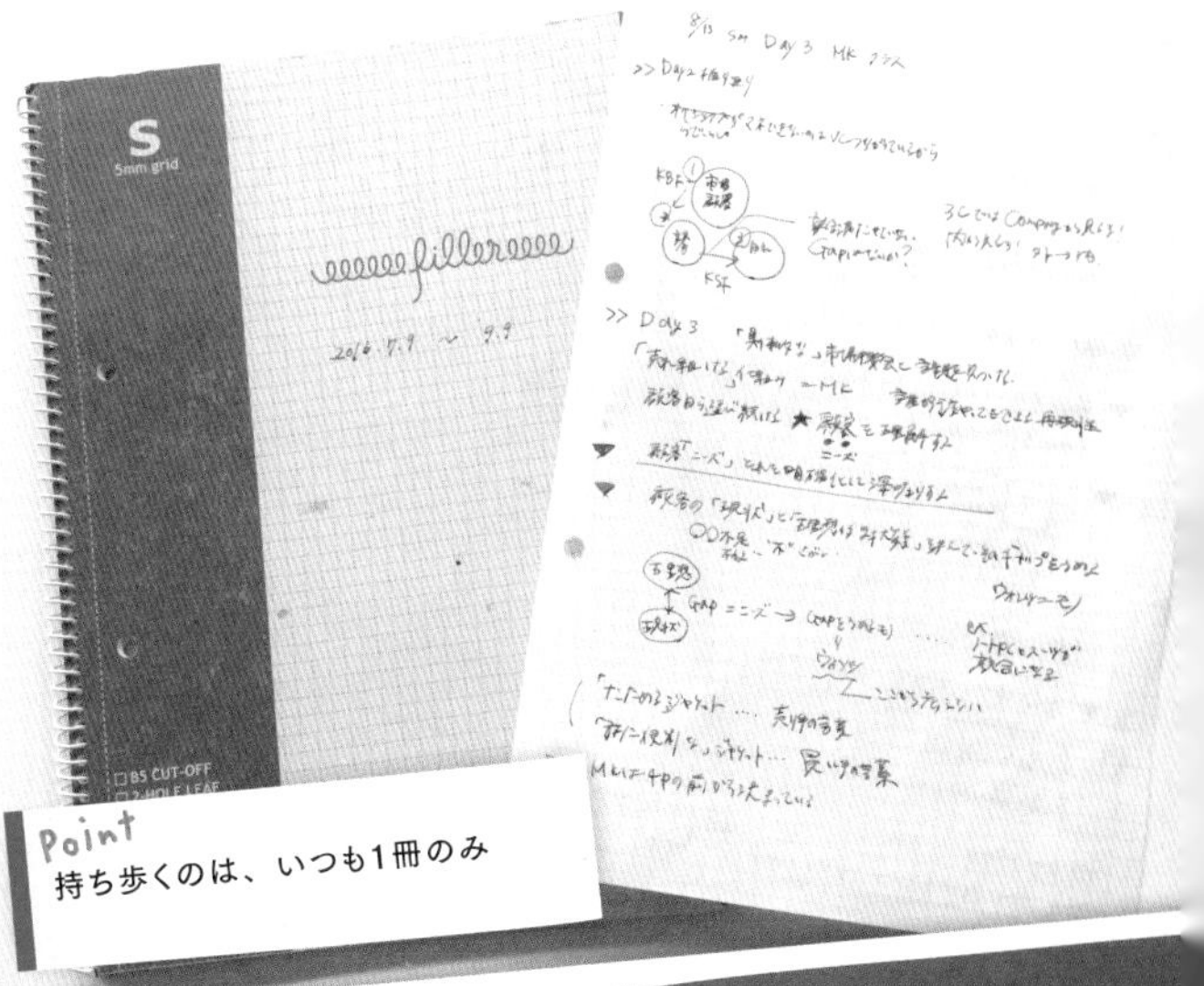

Point
持ち歩くのは、いつも1冊のみ

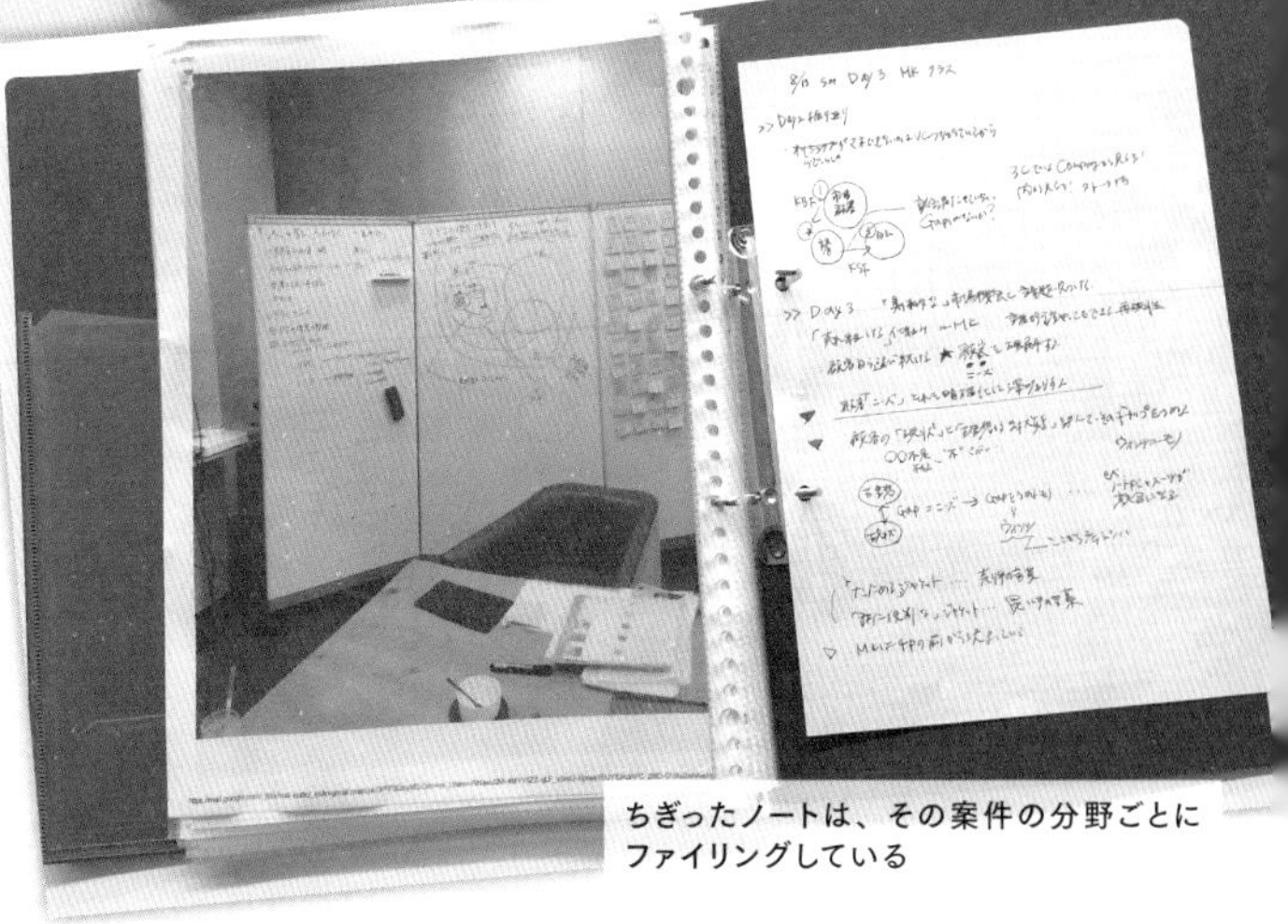

ちぎったノートは、その案件の分野ごとにファイリングしている

017

図は「方眼のマス目」に沿って書く

方眼のマス目を○ミリと換算して図を描く

文字も図面も書きやすいので、方眼の入ったヨコ型のノートパッド（A４サイズ）を愛用しています。右上の日付欄には日付、左上にはタイトルを記入します。文章を書くときには、箇条書きを意識して、行頭に「・」を入れて書き始めることが多いです。

レイアウトなどの図を描く機会も多いですが、ざっくりした図を描くときであっても、なるべく正確な比率を意識するようにしています。

たとえば、方眼のマス目の1つを実際の200ミリと換算して、800ミリの長さであれば方眼4マスを使って表現する、など。

打ち合わせの相手がお客様のときには、こうした図を見せながら話を進めていくことで、こちらの抱いているイメージをしっかり伝えられます。

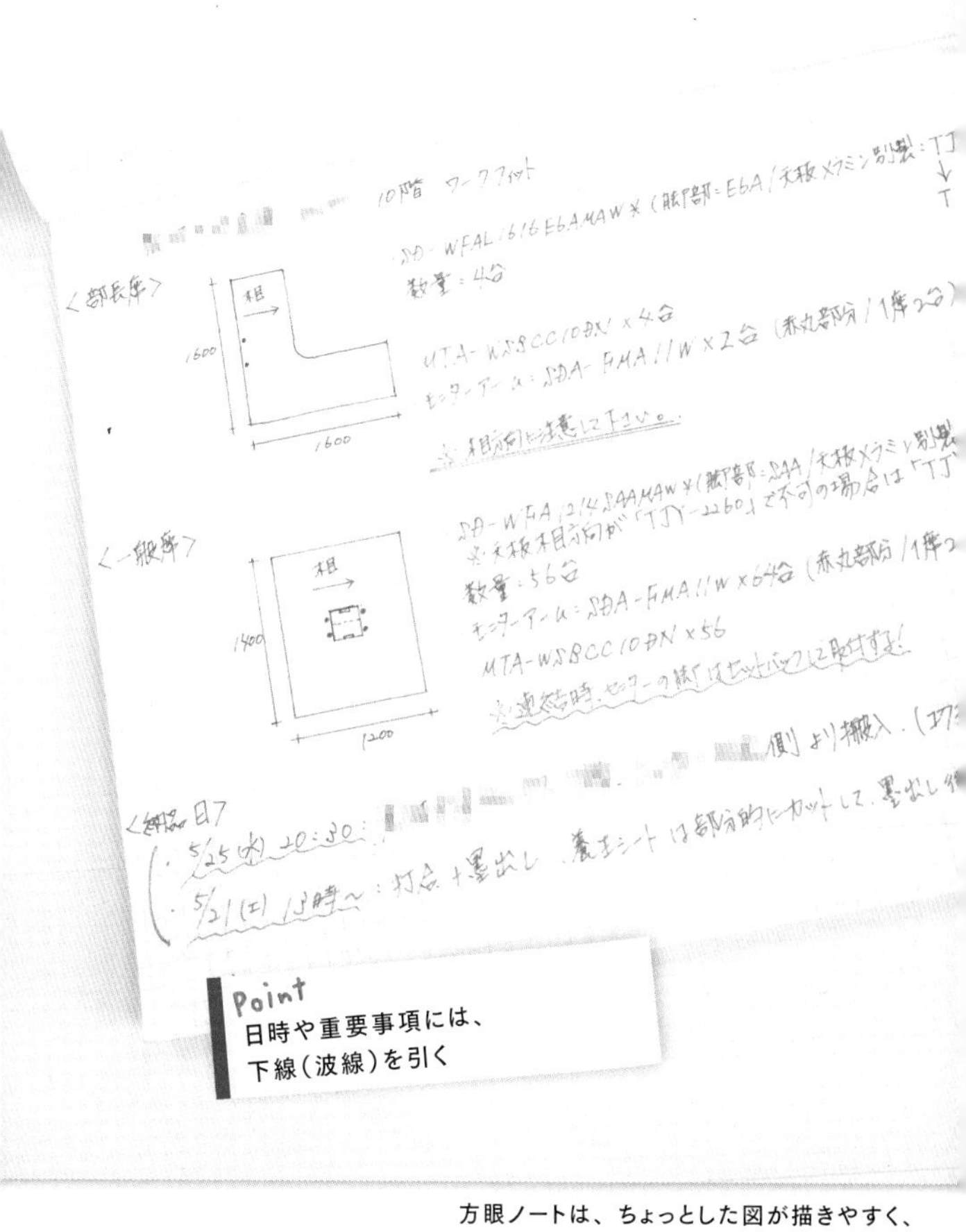

Point
日時や重要事項には、
下線（波線）を引く

方眼ノートは、ちょっとした図が描きやすく、
文字のサイズも自由に決められる

018 ノートは「見開き」で使う

紙の大きさが自由な思考を妨げぬよう、大きな紙面上で考える

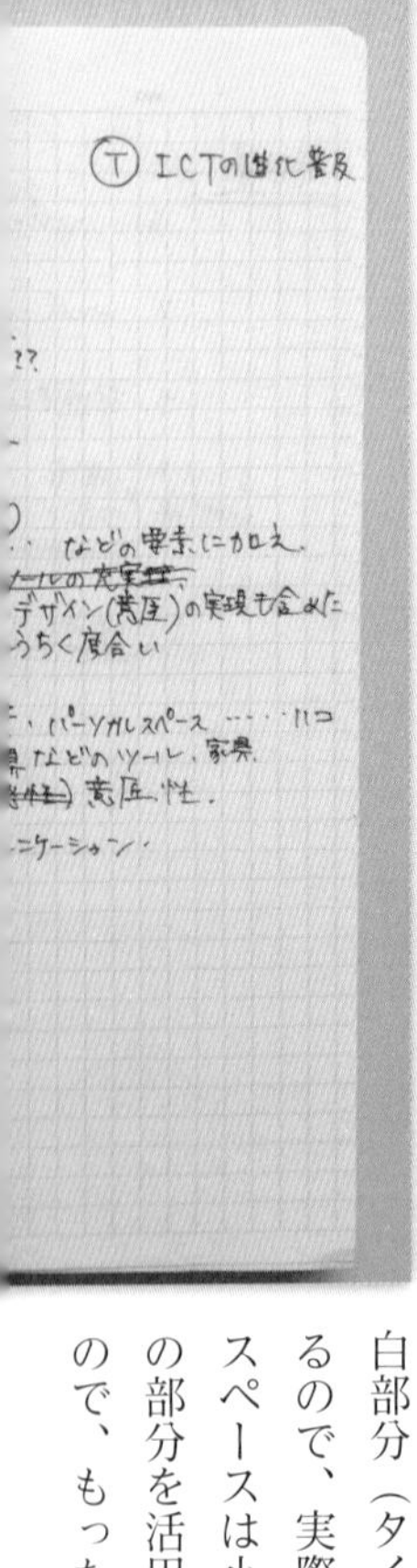

横罫ノート（A罫・罫幅7ミリ／A5サイズ）を使っていたこともありますが、今はキャンパスシリーズの方眼罫ノート（罫幅5ミリ／A5サイズ）を使っています。図表を描くことも多いため、やはりガイドとなるドットや方眼があるほうが使いやすいです。

以前使っていたA5サイズの横罫ノートは、持ち歩きには便利でしたが、上部の空白部分（タイトル欄）があるので、実際に書き込めるスペースは小さめ。私はこの部分を活用できなかったので、もったいなく感じて

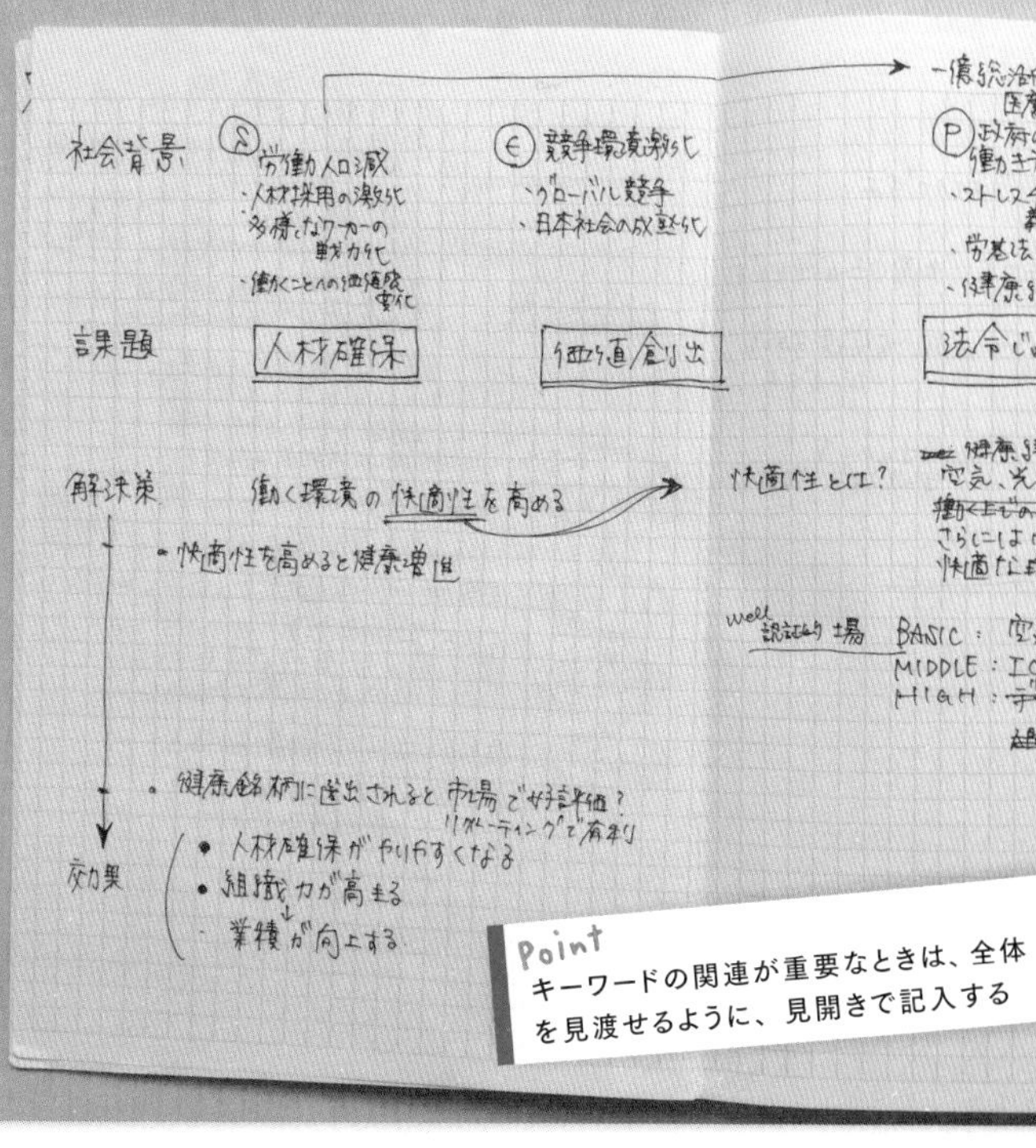
Point
キーワードの関連が重要なときは、全体を見渡せるように、見開きで記入する

いました。

その点、方眼ノートは、この余白が小さい製品が多いので、記入スペースが大きく、ページいっぱいに書き込めるのが気に入っています。

考えをまとめるようなときは、見開きの状態で使い、綴じ部を気にせず書くようにしています。

紙面の大きさで思考に制限がかからないように、余白を多めに取り、ゆったり書くことを意識しています。

019 ネタ集めは「ナンバリング」でやる気アップ

ジャンルを気にせず、とにかく書き留める！

測量野帳には、企画のネタや気になった文章、講演会のメモ、気づきを書いてストックしています。メモにはナンバリングして、書くモチベーションをアップ。

基本的には、気になったことは何でも書き留めますが、ジャンルは分類せずに時系列で書いていきます。というのも、後でパラパラと見返したときに、情報同士の「偶然の結びつき」があって楽しく、思わぬ収穫もあるからです。

たとえば、実際にこんなことがありました。「サーキュレータの置き方の提案」というメモと「現代人はインプットに対してアウトプットが足りていない」というメモをもとに「ＩＮＰＵＴ・ＯＵＴＰＵＴごとにノートの使い分けを提案する」というシリーズ商品「大人キャンパス」のコンセプトができました。一見、関係ない情報が結びつくことで新たな発見や価値に出会えた好例だと思います。

Point
収穫のあった講演会や展示会の
チケットは貼っておく

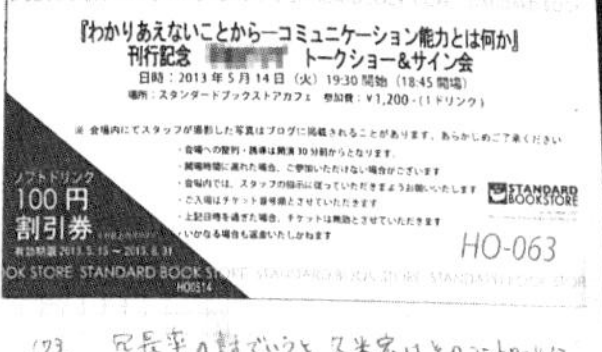

『わかりあえないことから―コミュニケーション能力とは何か』
刊行記念 トークショー&サイン会
日時：2013年5月14日（火）19:30開始（18:45開場）
場所：スタンダードブックストアカフェ 参加費：¥1,200-（1ドリンク）
ソフトドリンク
100円
割引券
STANDARD BOOKSTORE
HO-063

持ち歩くのにちょうどいいサイズ感。丈夫な表紙で、
適度な枚数で薄いところも気に入っている

020 ノートはスキャンしてPDF化

直近1年分のデータはスマホで持ち歩く

図表も描きやすく、タテヨコ自由に書けるので方眼ノート（A5サイズ）を使っています。基本的には、同じページに異なる打ち合わせの内容は書きません（案件ごとに1ページ）。ページの書き始めには、後で探しやすいように「日付」「タイトル」（できれば「参加者」も）を記入します。配布資料がある場合も、メモはノートに集約します。

全ページ書き終わったノートは、背糊部分を細断して、まとめてスキャンします。過去のノートをさかのぼって見返すときには、Googleカレンダーで打ち合わせをした日付を確認し、その日付をもとにノートのデータを確認します。直近1年分くらいのデータはスマートフォンにも入っているので、「前々回会ったときの打ち合わせ内容はなんだっけ？」といった確認が手軽にできて便利です。

Point
スキャン待ちのノートを
「未スキャン」のふせんで明示する

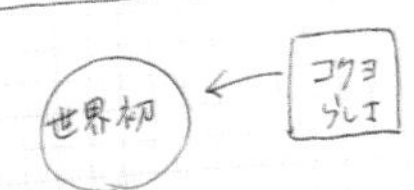

PDF ファイルの名称は「ノートを使っていた期間＋ MyNote」で統一
例：130408_130627MyNote.pdf

021

基本は青か黒、書き足しは赤いペン

打ち合わせから思考整理まで、すべて1冊のノートに書く

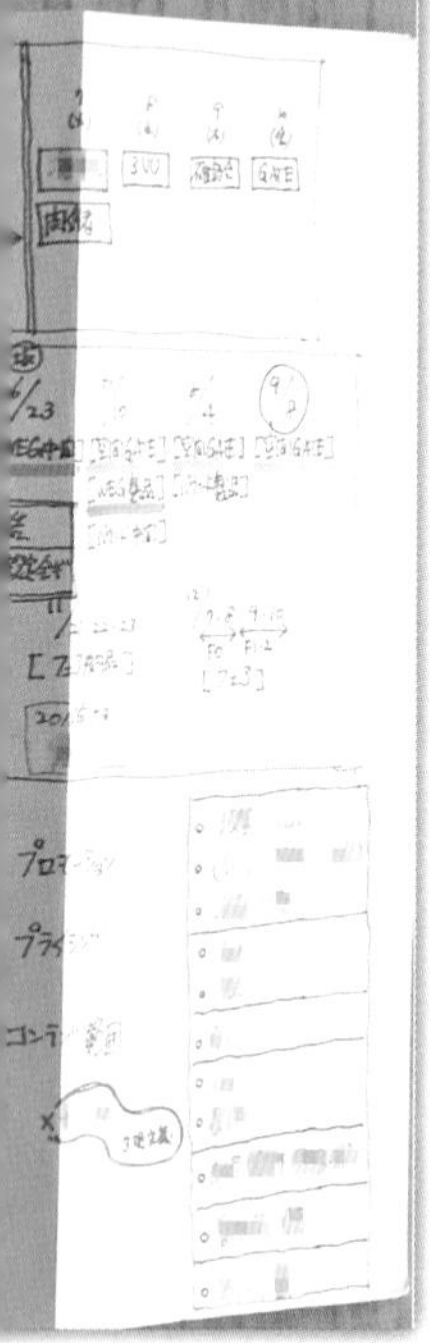

1冊のドット方眼ノート（A5サイズ）に、打ち合わせの記録から思考整理まで、すべてを書き込んでいます。コピー用紙やふせんにメモしたときにも、後からノートに貼り付けて一元管理。A4サイズの紙を貼るときには、見やすいように、たたんでノートの中に収めて貼ります。

ドット方眼は、ノートをタテにしてもヨコにしても使えるので、とても便利です。また、ドットが存在することで、文字が美しく配列でき、図もキレイに描きやすくなります。

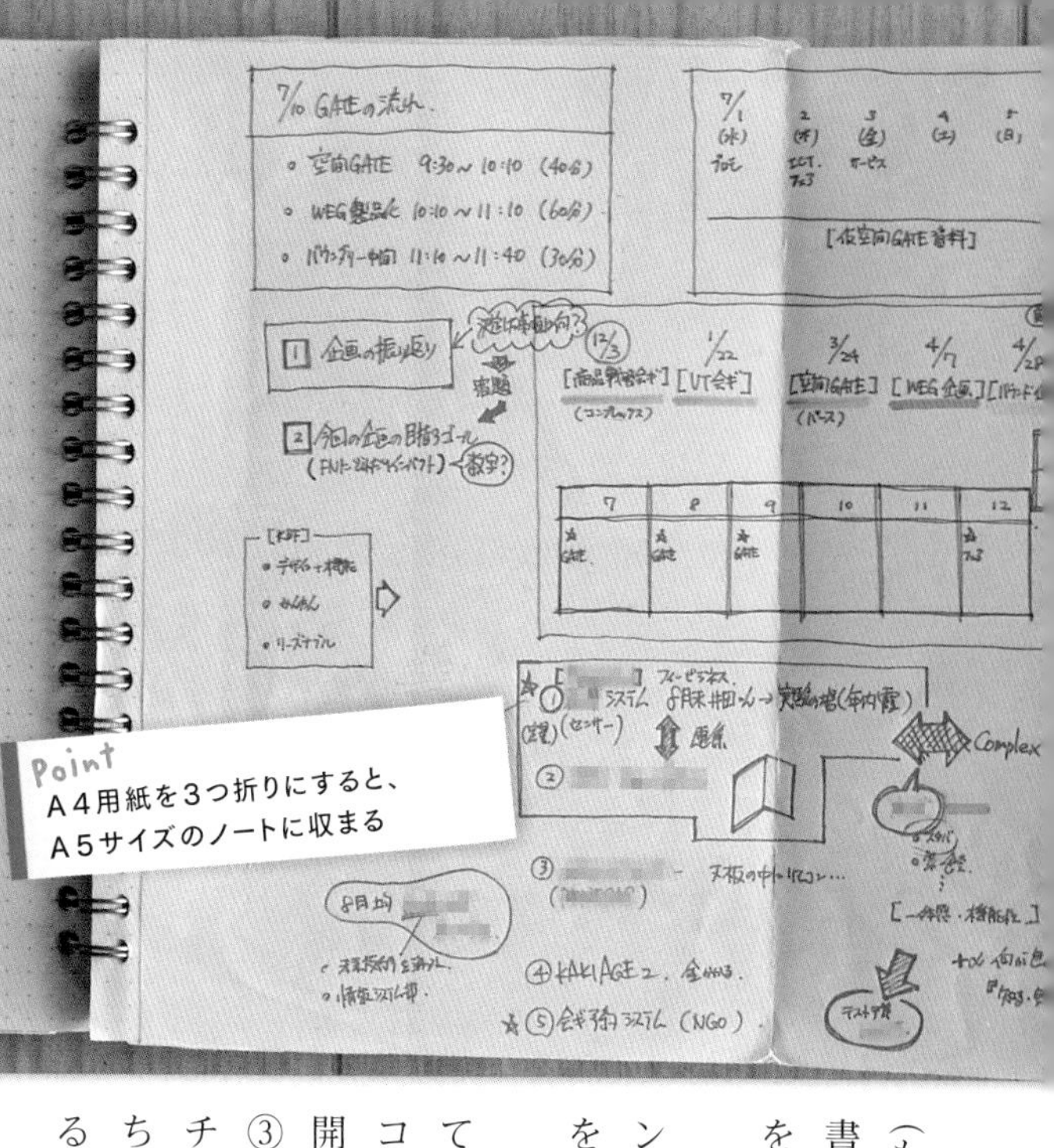

Point
A4用紙を3つ折りにすると、A5サイズのノートに収まる

使うペンは、青色が基本（もしくは黒色）。重要事項や書き足すときには赤色のペンを使って書き分けます。

このA5サイズのダブルリングノート（ポケット付き）を愛用する理由は3つ。

①開きやすく、必要に応じてページをちぎれること、②コンパクトに持ち歩けて、見開きで使えばA4になること、③付属ポケットに、ふせんやチケット類、切り抜きなど、ちょっとしたものを入れられることです。

022

「アイデア出し」はノートの中心から

ノートの中心から、自由自在に思考を広げていく

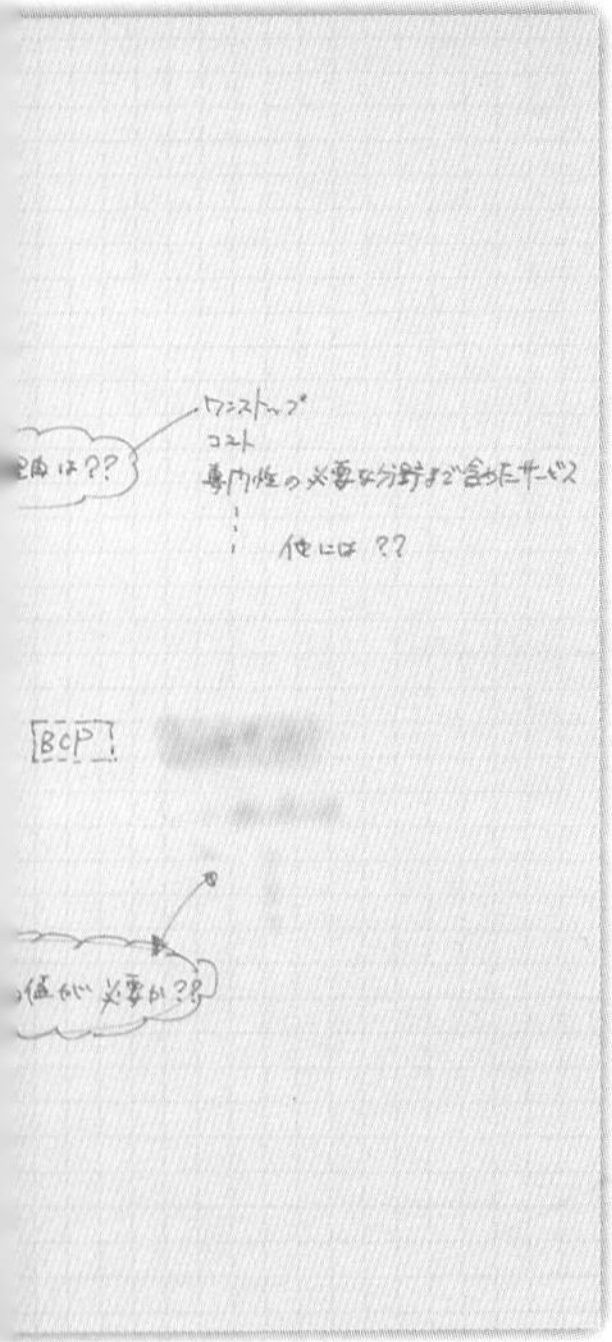

Ａ４ヨコ型の方眼罫のキャンパスノートを使っています。必要なページだけキレイに切り離せるミシン目入りで、切り取った後の紙の大きさが正Ａ４サイズになるため、資料と一緒にファイリングできるところが気に入っています。

長年、同シリーズのＡ３ヨコ型の方眼ノートを使っていましたが、やはりＡ３サイズになると持ち運びに、ひと苦労……。

ですから、Ａ４サイズの製品が発売されてすぐに乗り換

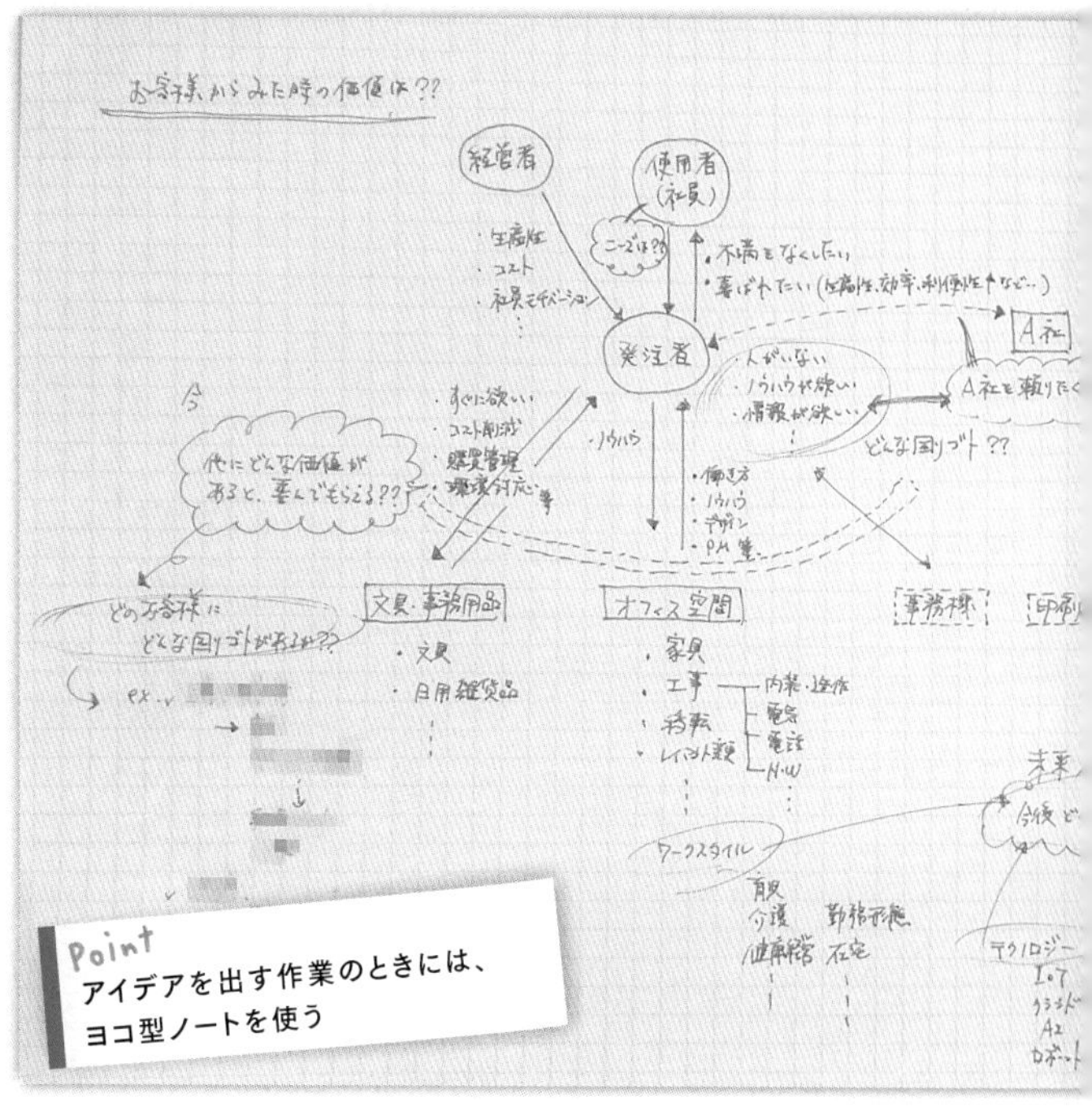

えました。表紙もモノクロのスマートなデザインなので気に入っています。

　ヨコ型の方眼ノートは、何かを考え出すときに、思考を広げやすいと感じます。

　たとえば、アイデア出しをするときは、ノート中央から上下左右に向かってアイデアを広げていくように使っていますが、十分なスペースがあるので、思考が制限されることもなく、自由自在に考えを膨らますことができます。

023

「チャート」を使って考える

思考や概念を整理するときには、ツールを活用する

常時、1冊のノートだけ持ち歩きたいので、メモや打ち合わせの記録、アイデア出し、提案書の下書きなども、すべて1冊に書きつらねていきます。ノートのサイズは、持ち歩きしやすいA5サイズ。

方眼のフォーマットは、チャートやマップを使って考える作業をするのに向いています。タテにしてもヨコにしても使いやすいですし、フリーハンドで気軽に書いても、わりとキレイに書き込めます。

メモも思考作業も、ふつうにノートの前のページから書き始めますが、ToDo（やるべきこと）だけは、後ろのページから書き始めます。漏れが発生していないかどうかを定期的に振り返るようにしているので、ToDoだけでまとめておくほうが効率的だからです。

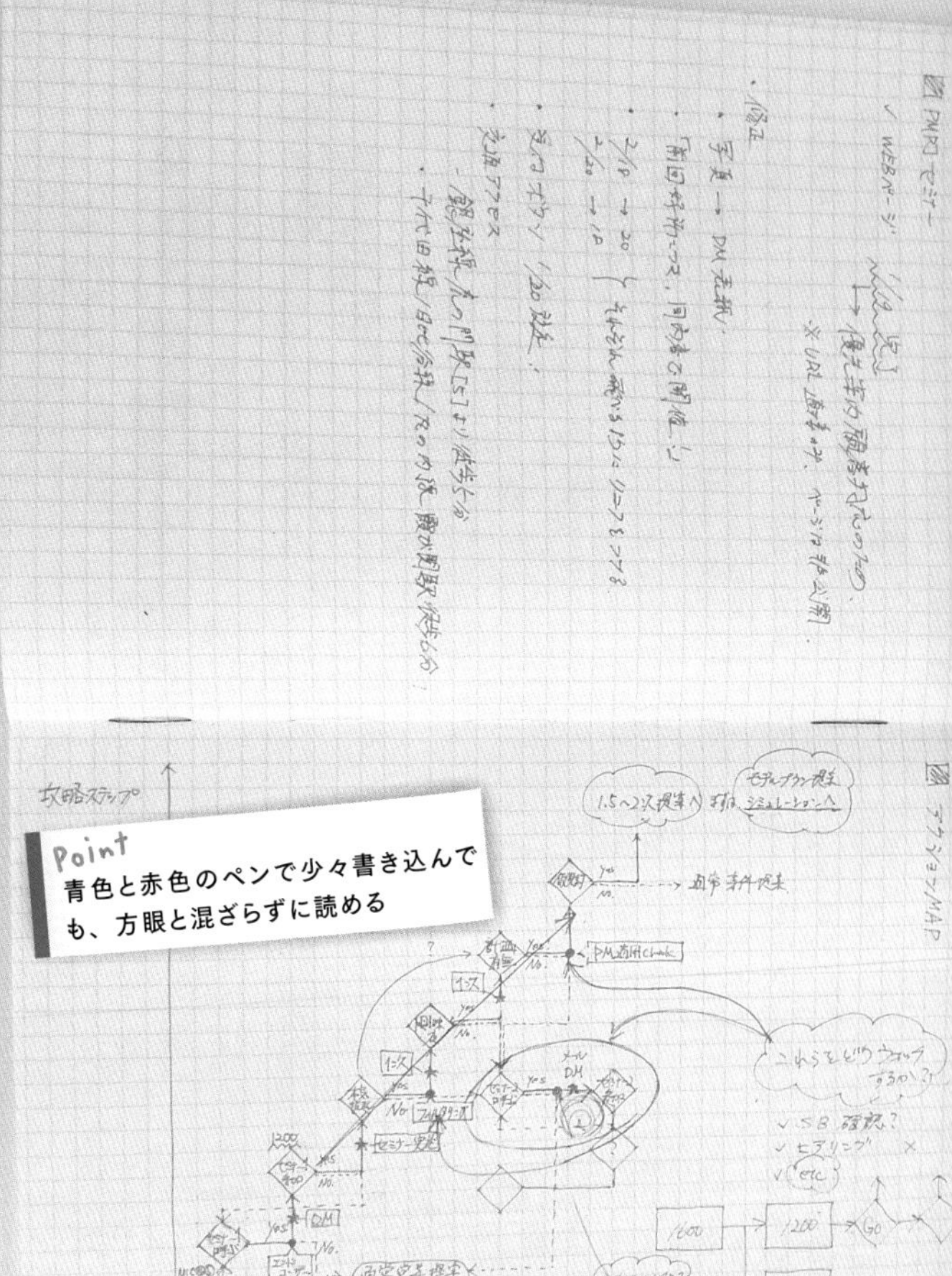

Point
青色と赤色のペンで少々書き込んでも、方眼と混ざらずに読める

会議のメモも、思考作業も1冊のノートで。作業によって、タテに使ったりヨコに使ったり、自由自在

024

ＴｏＤｏには必ず「期限」を書く

ＴｏＤｏ専用ノートをつくって、リストを定期的に更新する

Ｂ５サイズの方眼ノートで、ＴｏＤｏリストのみの専用ノートをつくっています。記入するタイミングは、進捗ありしだい、都度です。外出先でのやり取りで書き加えられないときには、会社に戻ってから記入します。

ＴｏＤｏを記入するときには、可能な限り、その期限を「○月○日」と明記することを心がけます。

週に１度は、ＴｏＤｏのヌケモレをチェックし、整理・更新する時間をつくります。リスト中にある重要項目には蛍光ペンでマークをしています。たとえば、「大事だけど、急ぎではないもの」とか「放っておくと、なかなか手がつけられないもの」などは忘れてしまいやすいものの筆頭なので、なるべくマークするようにしています。このマークは、自分自身への警告（アラート）です。

件名

内容

Point
基本は黒色、
追加や変更事項は赤色で

□ 案件表メンテ（毎週金曜）
□ DL社アポイント □ 稟議（~~経理相談~~）→ ~~準備~~ → まち
□ PE社 担当SE確認 → 現地確認（当初11/4着）
□ ~~TA社本社移転状況確認（〜10/11）~~ → カタログ送付 案内状 （10/
□ ABT リニューアル状況確認（〜10/11）
□ H販売 ~~図面chek~~ → 10/15 納品 サイズ管理確認
□ MS 店頭リニューアル 図面修正（10/11）→ 見積修正（10/14）
□ SK社 役員室 ~~確認~~ → リニギ中 再確認（10/
□ AP社本社移転 確認 ~~スケジュール 調整~~ → スケジュール交渉（
□ DS社 NDA ~~法務チェック~~ → 回答（10/12）
□ ~~MS社 山田B~~ → 調整まち.
□ KK社 東北販売マージン調整（〜10/13）
□ TW社の ロジテム取引状況確認（〜10/14）
→ HL社 山本さんへ報告（10/1

Point
重要なToDoには、
蛍光ペンでマーク

025

メモごとに「ペンの色を替える」

文字色を替えるだけで、メモの探しやすさが大幅にアップ

図形が描きやすいのはもちろん、文字のタテのラインをそろえて書きたいので、方眼ノートを好んで使っています。Ａ５サイズのノートを見開きでコピーすると、拡大縮小せずにそのままＡ４サイズになるので便利です。

メモをとるときには、メモごとに、ペンの色を交互に替えています。色が替わるとメモの初めと終わりがひと目で認識でき、後から目的のメモを探しやすいからです。ただし、あまり色数は増やしたくないので、基本の色は黒と青のみ。ここぞというポイントで赤色のペンを使います。

重要なことを記録するときには文末に「！」をつけたり、前後関係があるときには「↓」「→」を使用。紙面をあまりゴチャゴチャさせずに、記号を活用してメリハリをつけるようにしています。

Point
新しいメモは、必ず左に日付を
書いてからスタート

5/30 提案

PG： 7/13〜15 EXPO → モダ ホス 同出店?
→ フロントへのアナウンス.

CG： 総 キックオフ会ぎ
6/22(水) 品川. 6/23(木) 大阪.
Pronet 事例写真 知っておく作 ○×クイズ
ex. 写真のパートナーさんの取扱いについて

TG：

5/30 WS9号説明会
・反転授業 @
・デザイン思考、デザインシンキング @
・MBAにデザイン思考を取り入れる

シカゴ.

5/30 CADデータ.
・スケッチアップ アイテム決め. → スケッチアップデータ.
サイズ違い どこまで?
・協力工場確認 → さん

Point
青色→黒色→青色……と
交互にペンの色を替える

コンパクトに使いたいので、折り返して片面ずつ
使えるリングノートがお気に入り

026

「ヨコ型ノート」を3分割して使う

視線を動かす距離を最小限にして、能率アップ

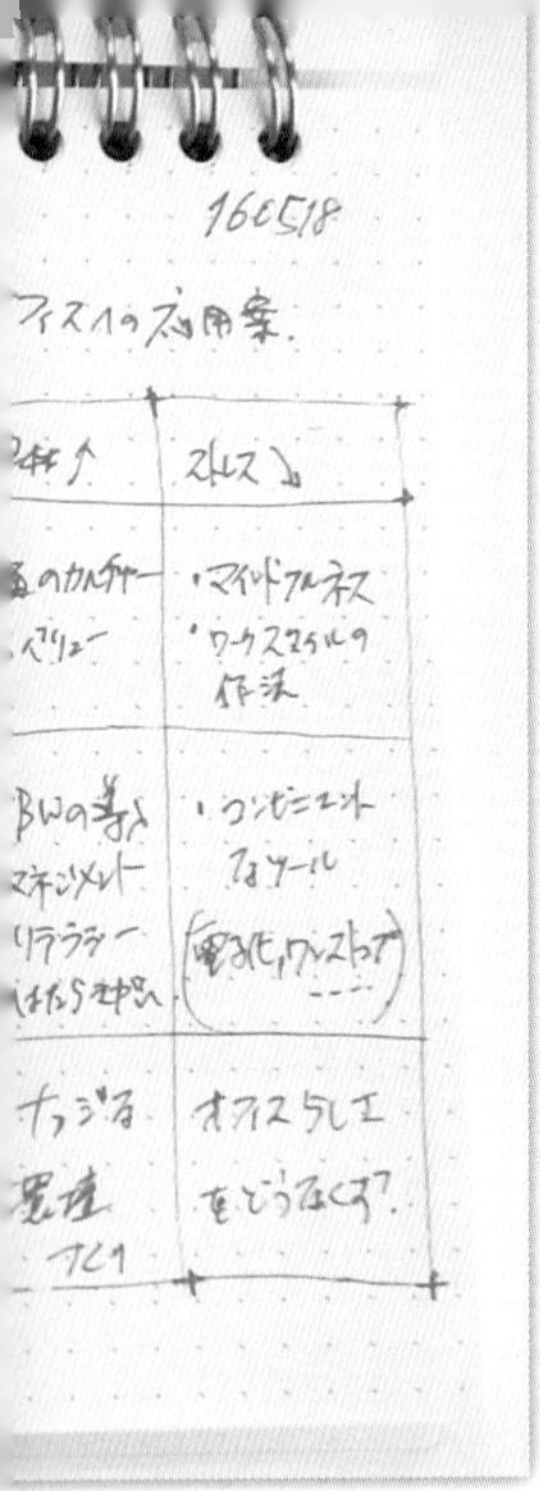

動きながらメモをとることも多いので、手に持ったまま書きやすいＭＵＪＩのリングノート（ドット方眼）を使っています。手に持ったときの安定感が重要なので、厚めの表紙（ポリプロピレンカバー）の製品を選んでいます。

なるべく視線を動かしたくないので、ノートはヨコ方向に長くは使いません。紙面を3分割して、各列を上から下へと、順次、タテ方向に使っていきます。

ノートをコピーしたり、写真に撮る機会も多いので、可能な限り、1つの

Point
それぞれの列を
上から下へと書いていく

奥行70センチのデスクの上では、ノートパソコンの手前にノートを置いて使う場合、ヨコ向きに置いたほうが扱いやすい

案件は1ページ内に収めます。建築やデザイン系の仕事をされている人には多いと思いますが、ノートは片面しか使いません（裏面は使わない）。書いた後に、切り取ったり貼ったりすることが多いからです。ノートを紛失したときのリスクにそなえて、顧客名などは書かないようにしています。メモを探すときには、右上の日付が手がかりです。

027 自分のタスクは「赤枠」で囲う

赤枠で囲んだタスクは、ふせんで納期管理も

社内・社外を問わず、打ち合わせ中や会議の中で、自分がやるべきことが発生した場合は、忘れないように、ノートの該当箇所を赤色の枠で囲みます。

たとえば、「○○さんに回答する」というような具体的なアクションではなく、「□□する方向である」といった漠然とした記述であっても、それが自分もかかわっていかなくてはいけないことであれば、赤で囲んでタスク化します。

赤で囲んだ後は、そのタスクの納期によっては、ふせんに書き写し、目立つところに貼って忘れないようにしています。

私の場合、ノートパソコンのタッチパッドの左側あたりが、そうした期限を示すふせんの定位置になります。

11/5（木）　[blurred] 様，[blurred] 様
→ 6、7割終了

デジタル教科書
ゲーム、動画、教科書には載っていない画像等
↓
UD開発者インタビュー

対象：高校2、3年生向け
美術の授業導入部分で使用
→ 生徒達の興味を引く

取材・撮影について
尺：5分程度
撮影：3～4H
日程：11月中旬～12月上旬希望　11/30～調整　@大阪本社
・自席NG
・mtg風景OK
・会議室 → 背景に何かあった方が良い
・商品紹介 → 学校で使うもの（特に美術）
・商品画像 単体 提供

計3個
メイン 1　プニュプニュ！
サブ 2　ハリナックス
フレーズ

① コクヨのUDの考え方
② 商品説明　事前に質問事項もらう

Point
打ち合わせの最中に
赤枠で囲んでしまう

赤枠で囲んでおけば、
自分の担当・役割が、ひと目でわかる

028

右ページには「メモ」、左ページには「ふせん」

一過性の「問題」は、ふせんに書いて目に入る場所に貼る

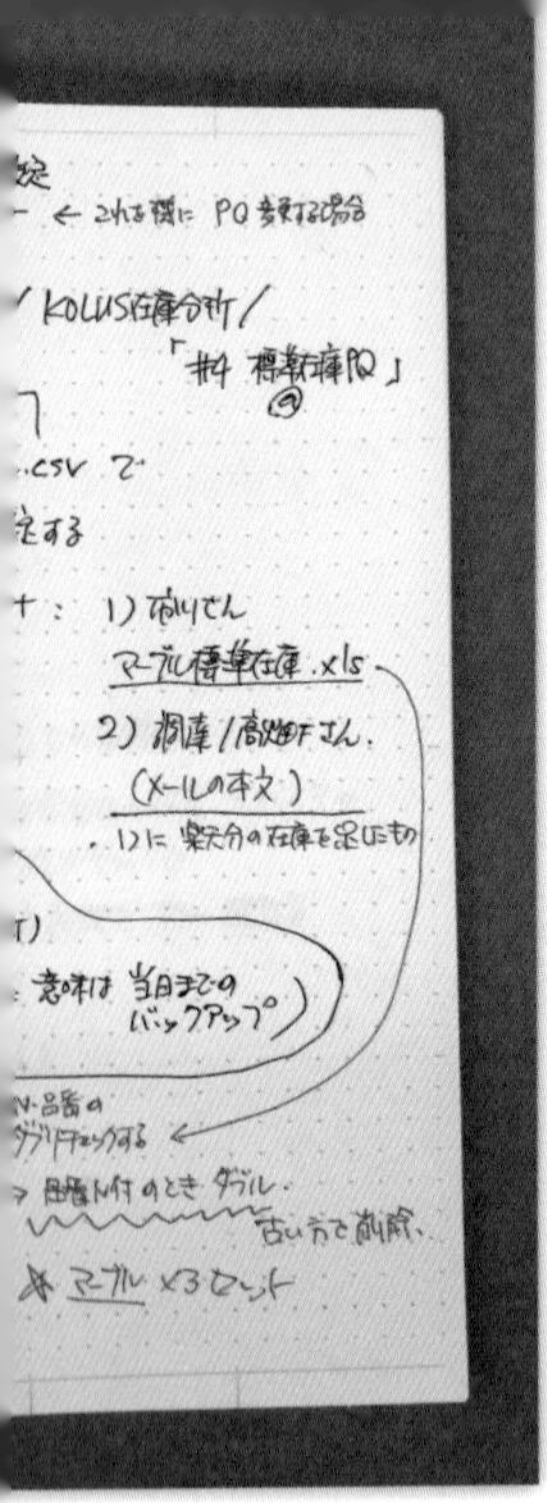

決まった手順のある業務を行うときには、ノートのメモを見ながら作業します。

たとえば、在庫を会計システムで計上するような作業やウェブページの更新など、固定化された業務のマニュアルのようなものをノートにメモしておきます。

マニュアルなので、そばに置きながらパソコン操作をしますが、そのときに、いろいろな問題が生じたり、いろいろ発見や気づきがある場合があります。これをふせんに書き込んでノートに貼りつけておくと、作業するたびに目にするので

Point
作業上、忘れてはいけないことをふせんに書き込む

「手順」は変わらないものなのでノートに記入し、「ある特定期間の留意事項」のようなものは、ふせんに書いて貼る

忘れなくなります。

別のノートや離れたページに書き込んでしまうと、どこに何が書いてあるかわかりにくくなるので、手順が書かれたページ（右ページ）の向かいのページ（左ページ）に貼るのが肝心です。これは「手順」ではないので、ノートには書き込まず、ふせんに書きます。そして、問題が解決したら、剥がして捨ててしまいます。

029

「頭の整理」には、入れ替え可能なふせんを使う

ふせんを活用して、ポイントや頭の中身を「見える化」する

仕事で企画書の流れを考えたり、アイデアを発散・整理するときには、Ａ４サイズの方眼ノートを見開きで使います。

たとえば、この写真は、あるプロジェクトのポイントを俯瞰するために作業していたときのノートです。

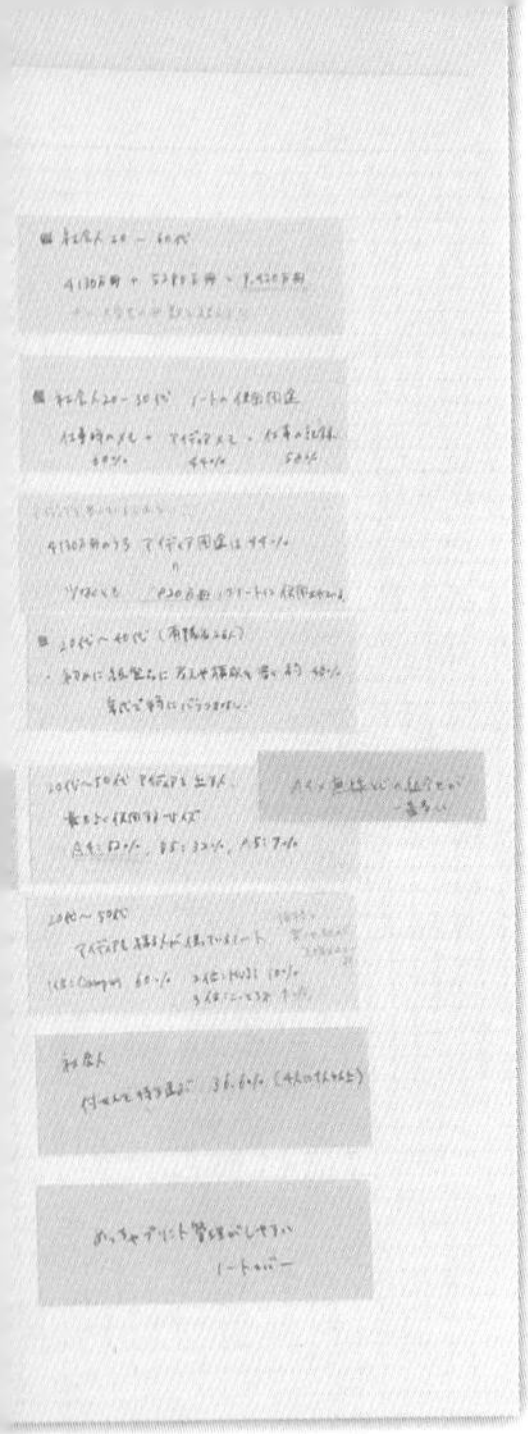

プロジェクトの中期（企画スタートから骨子が固まるまで）までで使用しました。

ふせんに重要なことを書き出して貼り、必要のない

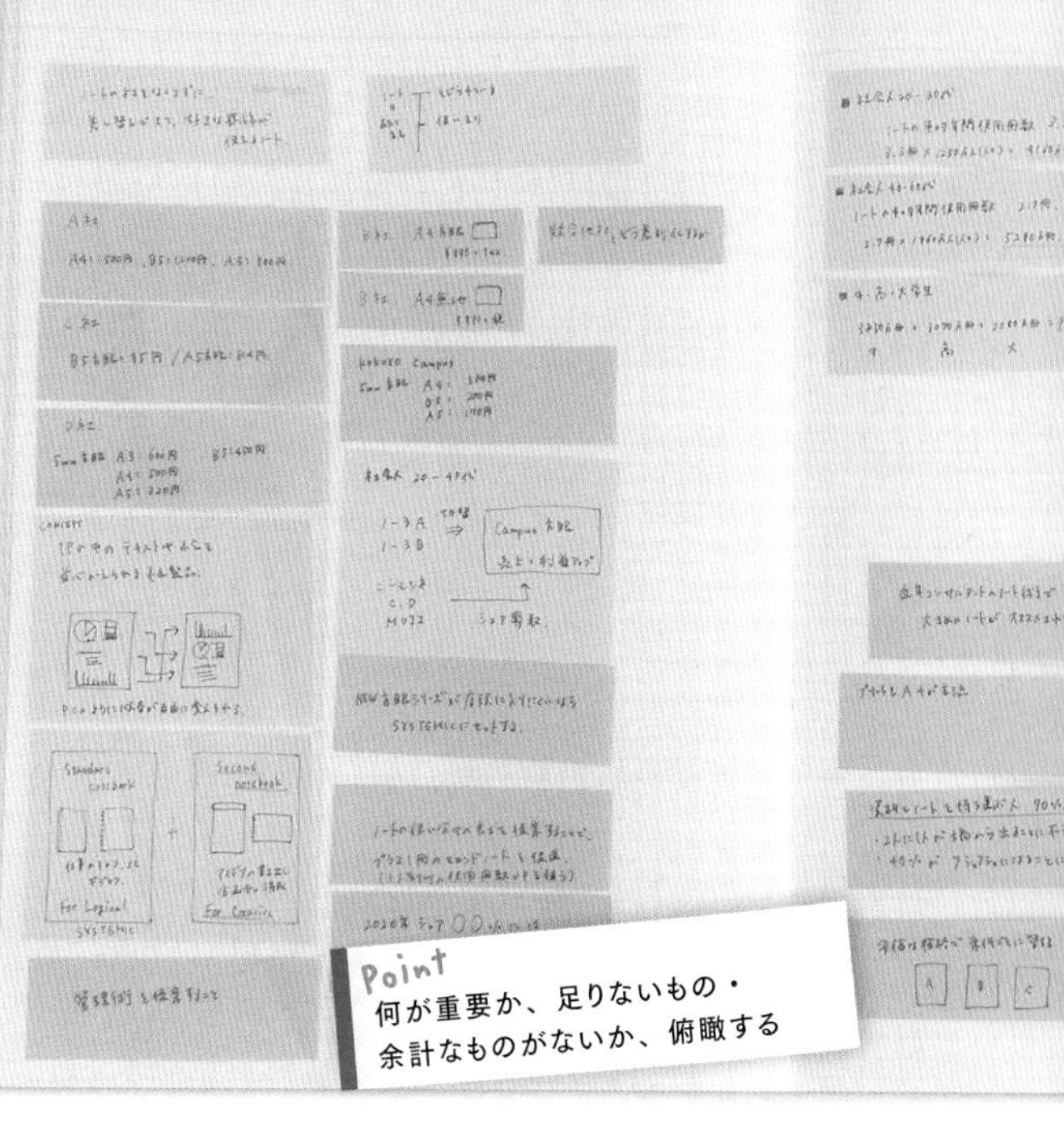

Point
何が重要か、足りないもの・
余計なものがないか、俯瞰する

ものは剥がし、新たに重要だと感じたことがあれば貼って……という作業を繰り返していきます。

　プロジェクトの進行にともない、ふせんの内容も更新されていきます。

　これは、頭の中だけではなかなか見えづらい関係性を常に「見える化」したい、という思いで始めた方法ですが、「ひとりブレスト（ブレインストーミング）」など、アイデア出しの作業にも活用できます。

030

つねに「測量野帳を持ち歩く」

手元のメモがきっかけで、大きな取引につながることも

この数年は、測量野帳のみを使用しています。きっかけは、著名な建築家が使っているのを見て、真似して使ってみようと思ったから。表紙が硬くて丈夫で、ポケットからの出し入れがしやすく、かつ、メモする姿がサマになるような気も……（笑）。

野帳を使い始めてから、ポケットに入らないサイズのノートは、客先でカバンから出すときの微妙な「間」がイヤで使わなくなりました。

営業職ですが、お客様が自分のノートを御覧になり、メモ程度に描いたスケッチから話が大きく膨らんでいくこともよくあります。

お客様は想像以上に、こちらのノートの中身を見ているものです。ノートを見られたら、こちらの理解度がお客様にバレてしまいます。メモする内容やタイミングは、いつも気をつけなければ……と切に感じます。

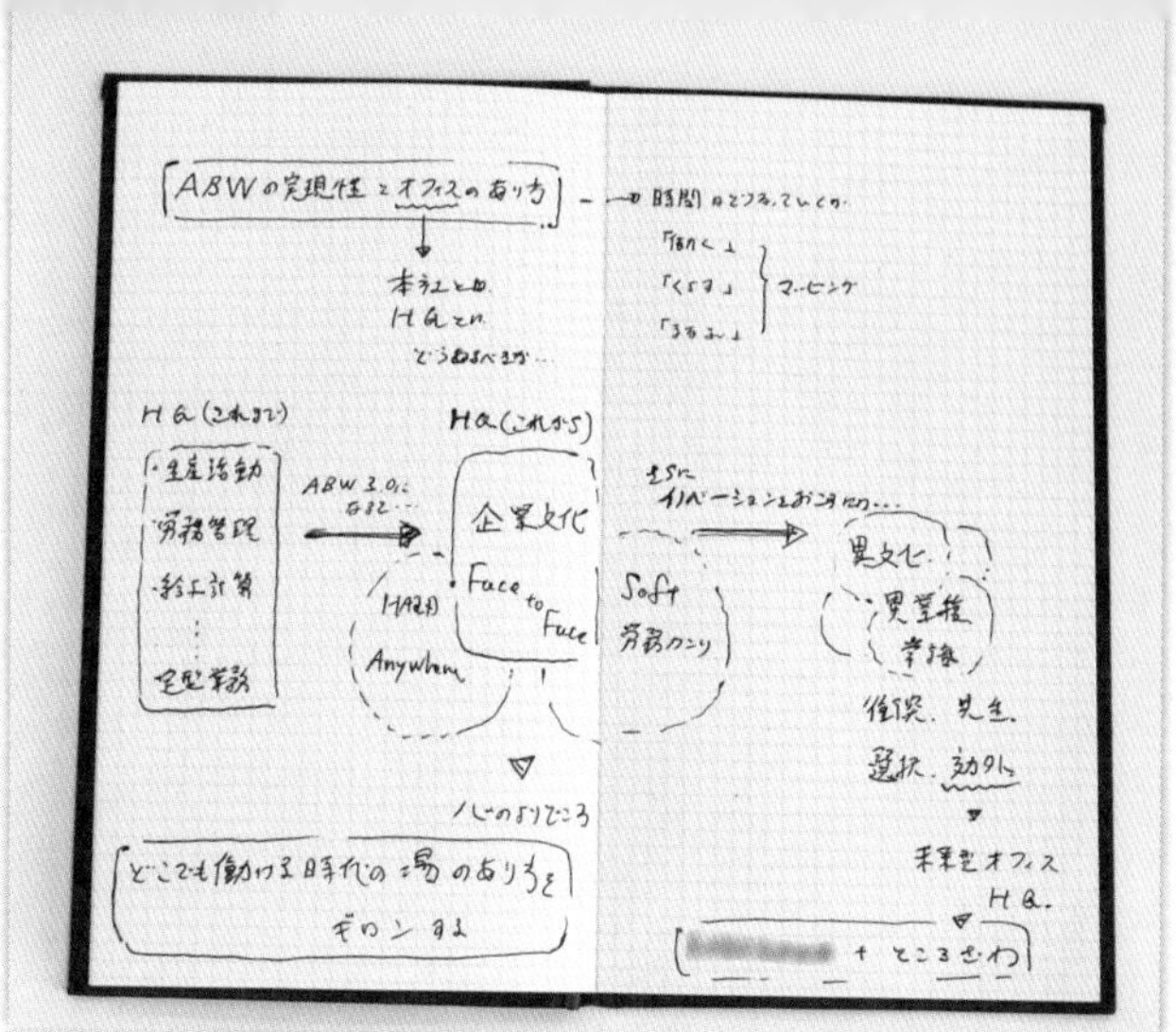

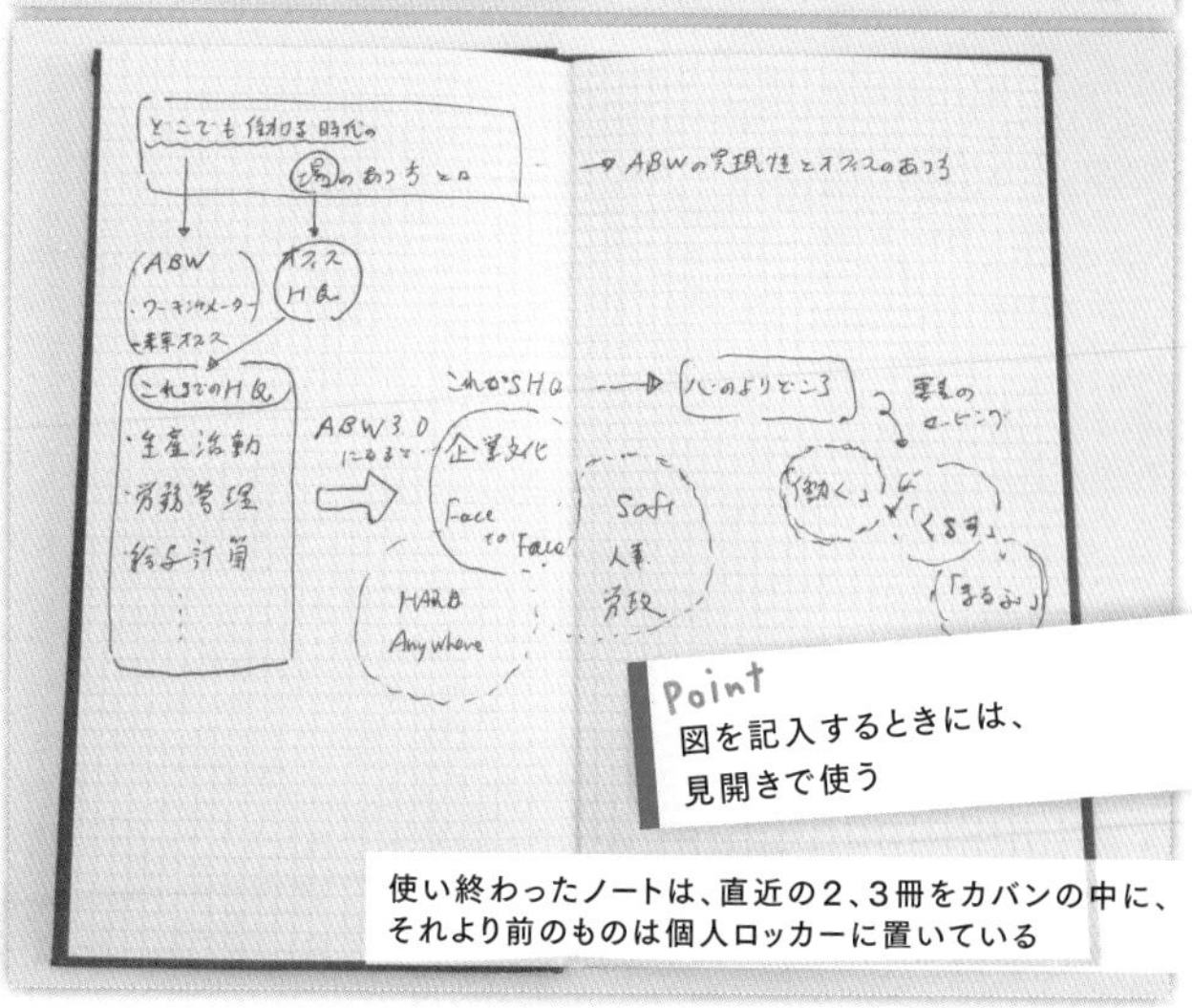

Point
図を記入するときには、
見開きで使う

使い終わったノートは、直近の2、3冊をカバンの中に、
それより前のものは個人ロッカーに置いている

031

業務によって「ペンを使い分ける」

3種類のペンを使い分け、仕事のモードを一気に切り替える

方眼ノートを使っています。理由は、図やチャートが描きやすく、文字のサイズが制限されないからです。ノート上で、自分の気持ちに沿って自由に表現できるのは、とても気分がいいものです。

使用するペンは、業務の性格によって使い分けています。

打ち合わせメモは、スピード重視で、滑りがよくて書きやすいボールペン。

思考の整理には、自分が一番好きな書き味と色の万年筆タイプのペン。

パワーポイントの下書きは、構成・要素をざっくり考えることに集中できるように太めのレタリングペン。

単純に使い勝手が良いというだけでなく、ペンを替えることで「考える仕事→事務的な仕事」という気持ちの切り替えができ、次の仕事に集中しやすくなります。

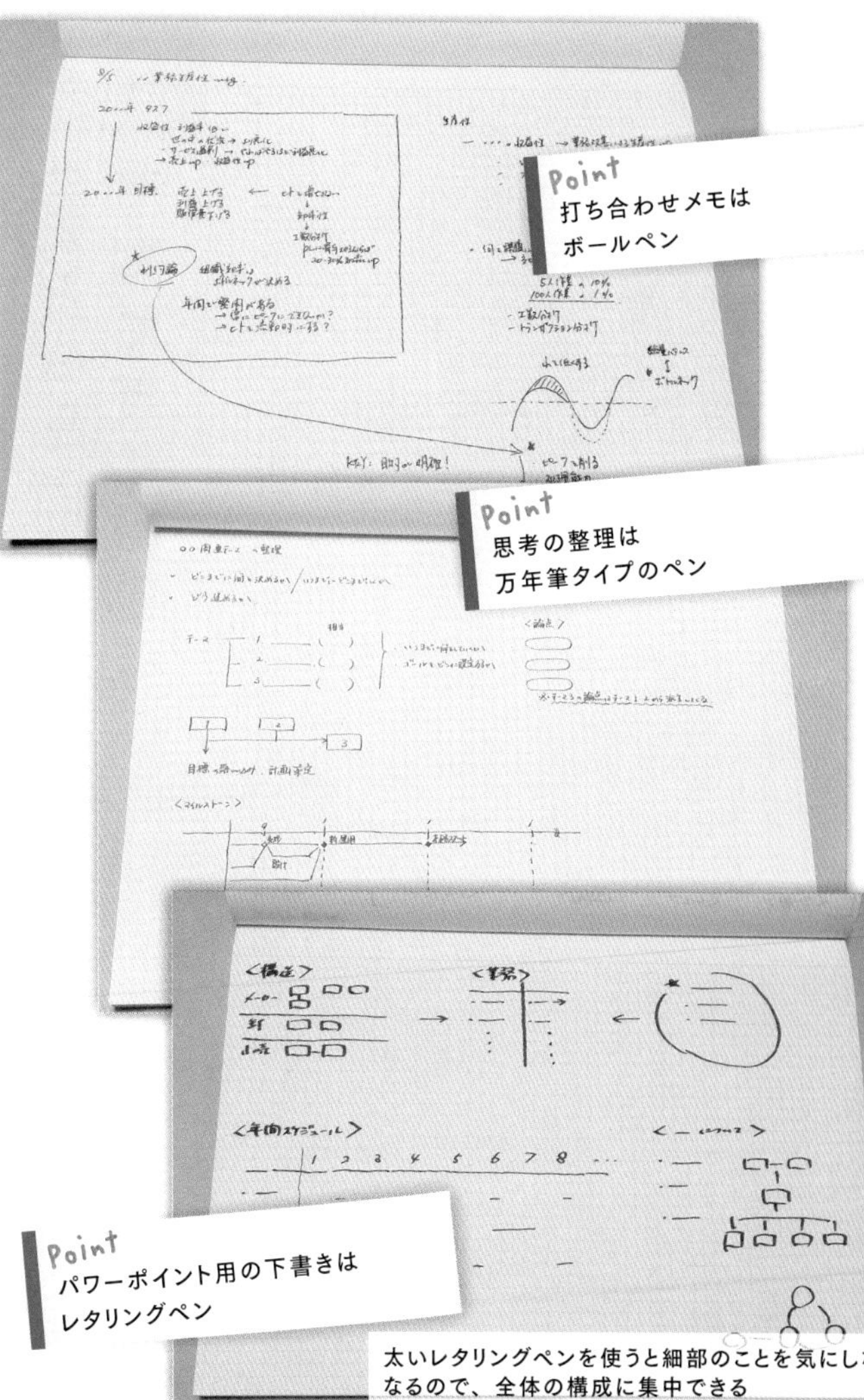

Point
打ち合わせメモは
ボールペン
Point
思考の整理は
万年筆タイプのペン
Point
パワーポイント用の下書きは
レタリングペン

太いレタリングペンを使うと細部のことを気にしなくなるので、全体の構成に集中できる

032 「まとめ&宿題」を下欄に書き出す

打ち合わせの前・中・後で、書く場所を分けて使う

ノートは、バッグに収納しやすいB5サイズ以下のものを使っています。

学生時代から、ほぼ方眼ノートを使っていて、ここ数年は、アメリカのコーネル大学で開発されたという「コーネルメソッドノート」（B5サイズ、方眼フォーマット）を愛用しています。

このノートは各ページの構成が、①左側の細長いスペース、②その横の大きなスペース、③下部のメモスペースに分かれています。

私がお客様との打ち合わせで使うときには、事前情報やヒアリングしたいことを①の部分に小さく書いておき、打ち合わせ（ヒアリング）の最中は②の部分に走り書きをして、ヒアリング後のまとめや宿題を③の部分に書きます。結論やまとめが書ける独立した記入欄があると、大事なことを見落としにくく、使い勝手が良いです。

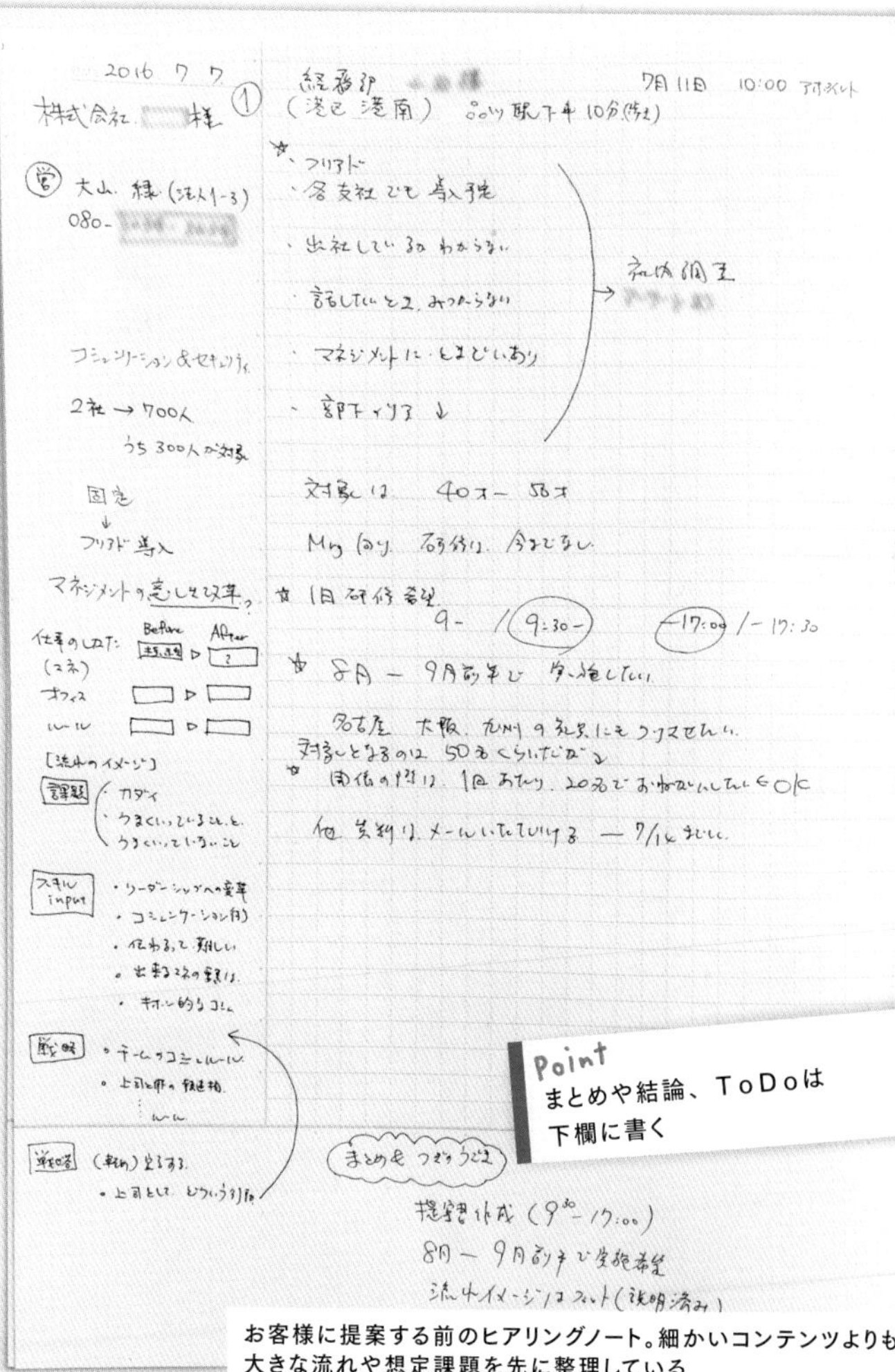

お客様に提案する前のヒアリングノート。細かいコンテンツよりも、大きな流れや想定課題を先に整理している

033

保管したい内容は「測量野帳」にメモ

目的によって、ノートとコピー用紙を使い分ける

測量野帳は、とにかく持ち歩きに適しています。薄いのでジャマになりません。屋外で片手に持ちながら筆記する用途で開発されただけあって、旅先のホテルの部屋のつくりや外観、バーやレストランの内装などもササッとスケッチできます。こうしたものを描くときには、スケールを合わせられる方眼は非常に便利です。

測量野帳にメモするのは保管しておきたい内容で、日常業務では、主に無地のコピー用紙（A4サイズ）をクリップボードにはさんで使っています。

コピー用紙は、「図を大きく描きたいから、新しい紙にしちゃおう」などと、自由に使えるのが魅力。ページの順番も気にせずに済みます。

書き終えた紙は、写真に撮る、あるいは関係者に渡してしまうことが多いので、大量に持ち歩くことはありません。

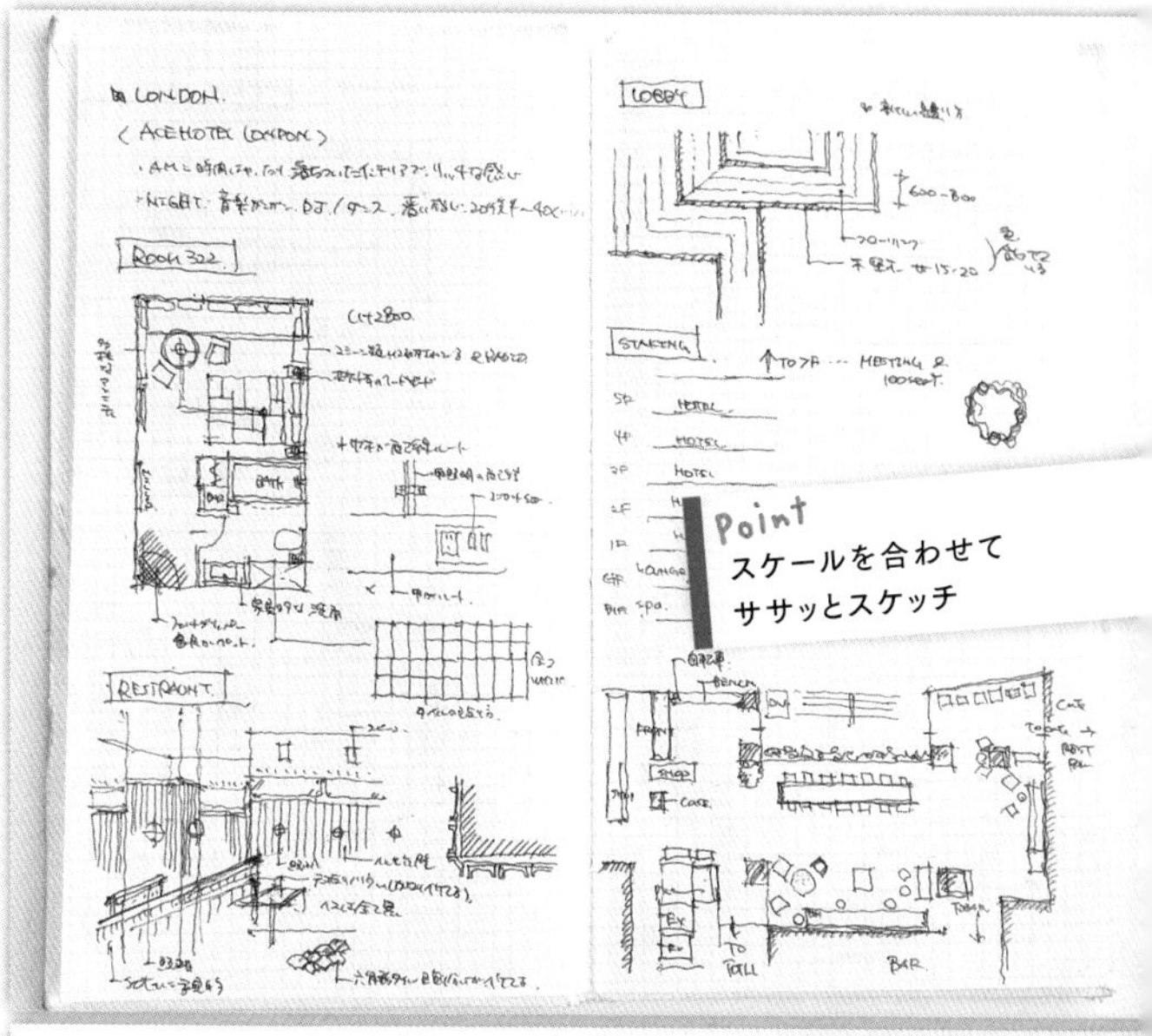

Point
スケールを合わせて
ササッとスケッチ

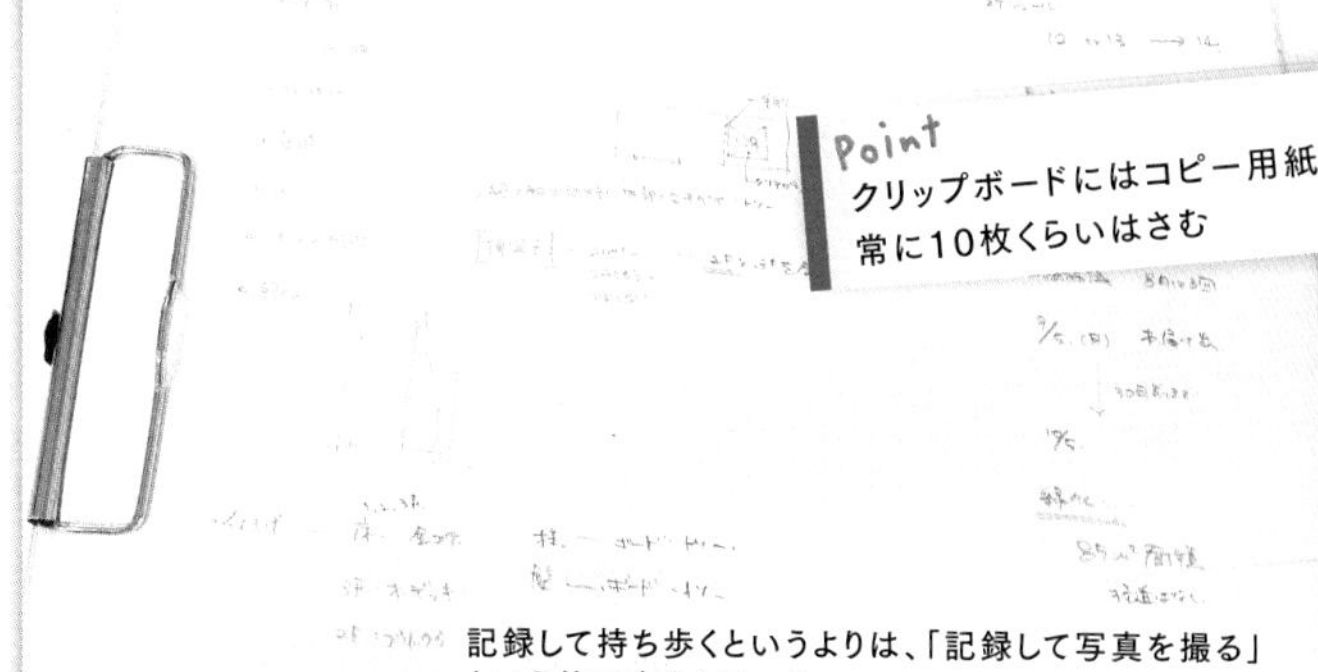

Point
クリップボードにはコピー用紙
常に10枚くらいはさむ

記録して持ち歩くというよりは、「記録して写真を撮る」
という使い方をしている

034

1日の業務記録は「蛍光ペンで色分け」

毎日使うノートだから、手軽に業務記録をメモ＆検証が可能

自由度が高く、図や線も描きやすいので、方眼ノートを使っています。メインで使っているノートは、持ち歩きやすく、パソコンの前で広げてもジャマになりにくいA5サイズです。考えをまとめたり、アウトプット用に使うサブノートは、それより大きなB5サイズ以上のレポートパッドです。

以前、業務記録をメインで使っている方眼ノートにつけていたことがあります。1日の中で「何の作業にどれくらいの時間を費やしているか？」を検証するために、おおよその業務内容ごとに色を決めて、作業時間をマークしました。空いているスペースには、気づきや反省、ToDoなどを記録。ときには、作業完了の目標時刻を記入することも。色分けされていると、パッと見て、視覚的に時間の使い方がつかめるので、自分の業務の改善すべき点を知るうえで非常に有用でした。

Point
空いているスペースには
気づきやToDoを記入

ピンクは「考えている時間」、イエローは「作業をしている時間」、ブルーは「相談や確認の時間」に蛍光ペンで色分けする

035

びっしり書かない。スキマを残す

スキマに書かれた内容が、のちの重要事項となる可能性が!?

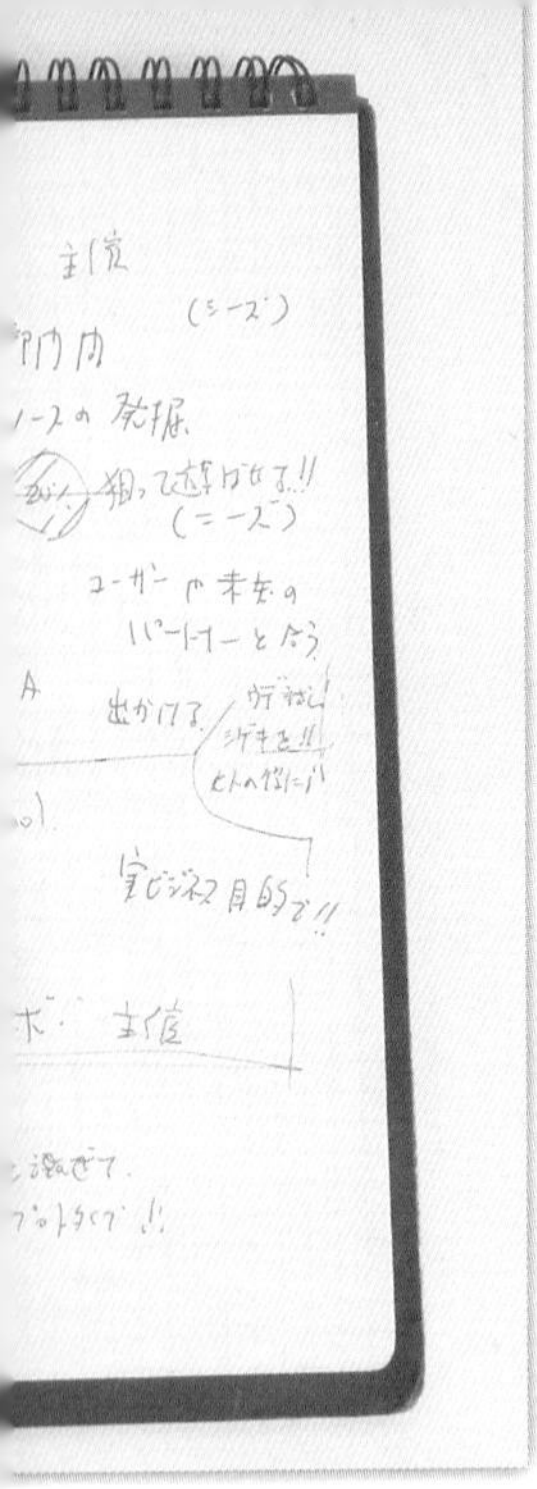

単純な「箇条書き」や「議事録的な文章を書く」よりも、「課題の分析」や「因果関係の整理、作表」「手順・工程イメージ作画」を行うことが多いため、ヨコ書きができる方眼や無地のノートを好んで使っています。

ノートのサイズは、A4とA5を使い分け。手強く難しそうな仕事にはA4サイズ、単なるメモや商談記録にはA5サイズのノートを使っています。この使い分けの判断は、単純に「たくさんノートに書き込みそうな予感がするか

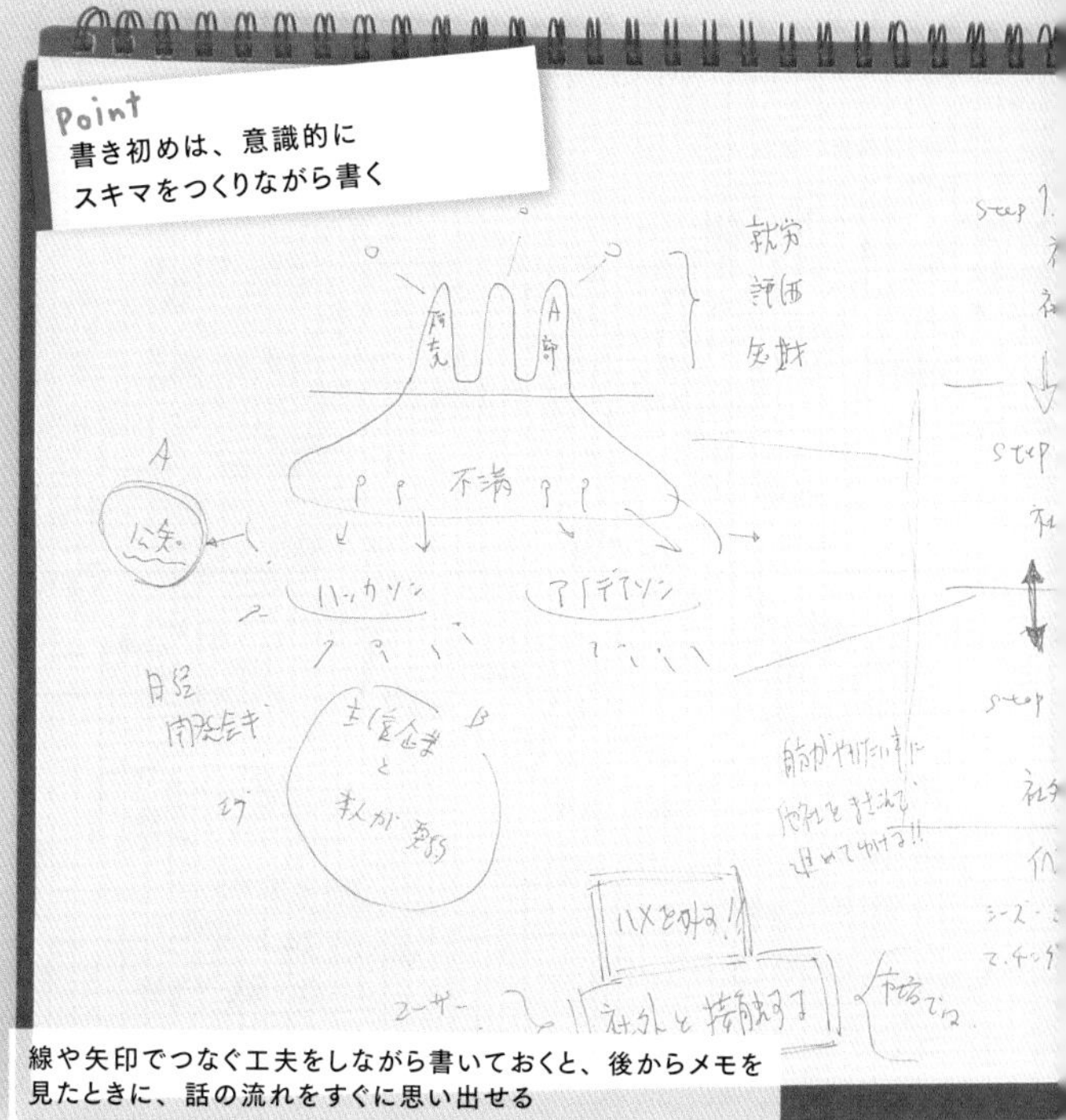

線や矢印でつなぐ工夫をしながら書いておくと、後からメモを見たときに、話の流れをすぐに思い出せる

どうか」です。

ノートには、意識的にたっぷりと「スキマ」を空けて書いていきます。後から関係線や表や図を描き込むためのスペースをとっておきたいからです。

ノートを書き終わったとき、このスキマだった部分に重要なことが書かれていることが多いので、実はここが大切なスペースなんです。

036 ノート代わりにふせんを使う

スケジュール帳に、ふせんをプラスして使う

A5サイズで方眼の入った「ほぼ日手帳」をコクヨのカバーノート「SYSTEMIC（システミック）」に入れて使っています。1日1ページになっている「ほぼ日手帳」には、スケジュールとマスト項目を記入します。

そしてここに、ふせん（「案件メモまとめ」「早急ToDoリスト」「品番、用意するメモ」など）をペタペタと貼り付けます。

「早急ToDoリスト」と「品番、用意するメモ」は、書かれた作業が完了すると同時に廃棄します。「案件メモまとめ」は、まとめてステープラーで留めるか、一覧で読めるように別のノートに貼りつけるなどして保存します。もう少しノートが小さければ、移動中の出し入れやデスクでの作業時に扱いやすいのになぁ……と感じることもありますが、ふせんを2、3枚貼ることを考えると、今のサイズがベストです。

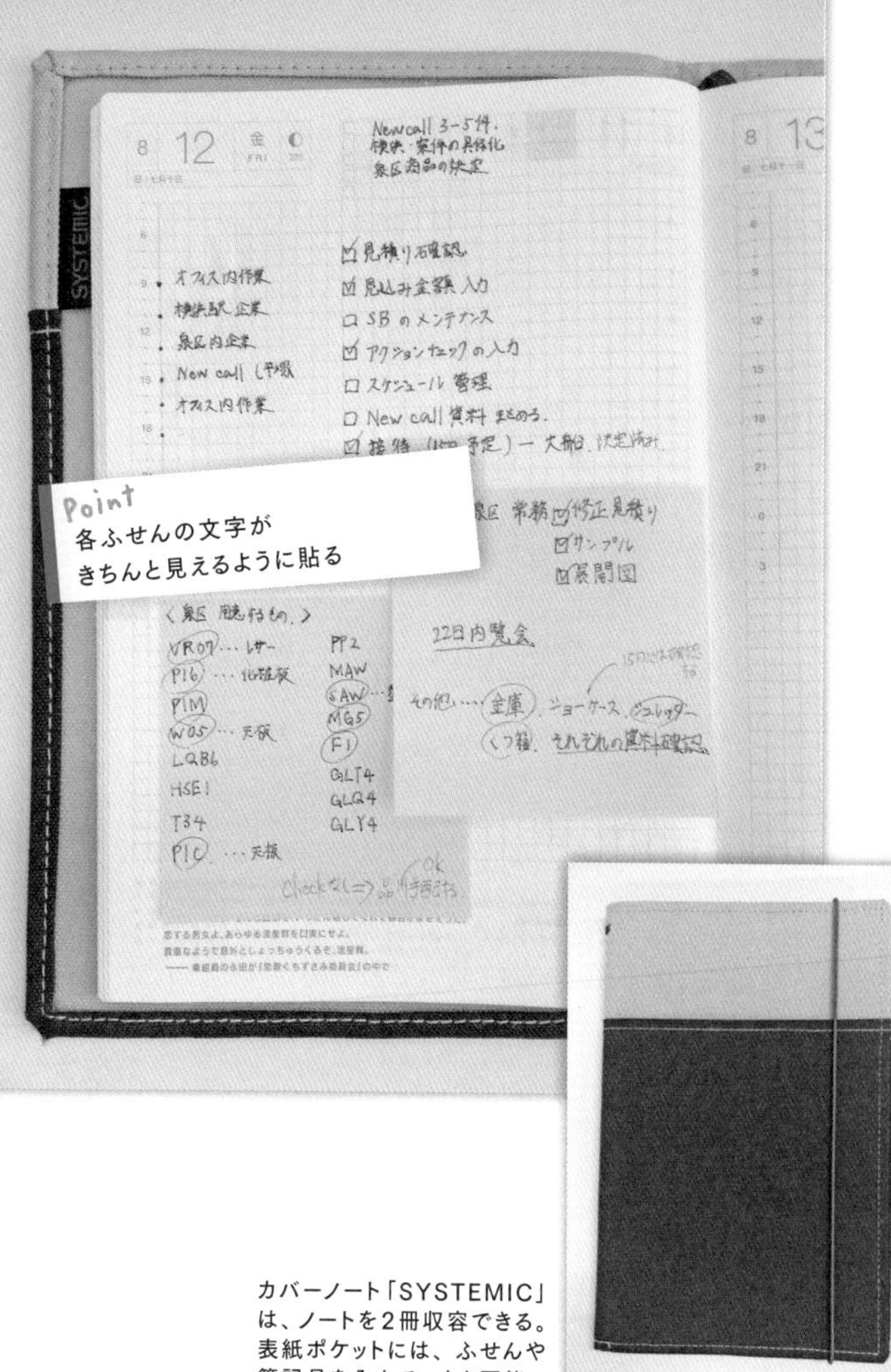

Point
各ふせんの文字が
きちんと見えるように貼る
SYSTEMIC

カバーノート「SYSTEMIC」は、ノートを2冊収容できる。表紙ポケットには、ふせんや筆記具を入れることも可能

037

「資料・名刺」はノートに貼る

探す手間がなくなり、業務を効率化できる

関係資料や名刺が1、2枚のときには、ノートに直接、貼ってしまいます。わざわざファイルに綴じておくよりも、ノートに並べて貼ってあるほうが、あちこち探す必要もなく効率的だからです（とはいえ、名刺や資料の量が多ければ、もちろん別で保管します）。ノートは無理に1冊にまとめず、目的（何をしたいのか？）に応じてアイテムを選び、使い分けるようにしています。

現在は、思いつきや頼まれごとなどを書くのは、持ち歩きやすさを重視して「測量野帳」、会議や打ち合わせ用には「キャンパス ツインリングノート」（A5・方眼罫）＋「SYSTEMIC」、企画やアイデアをじっくり考えるときには広い紙面が確保できる「CamiApp ツインリングノート」（A4ヨコ・方眼罫）の3種類を使っています。

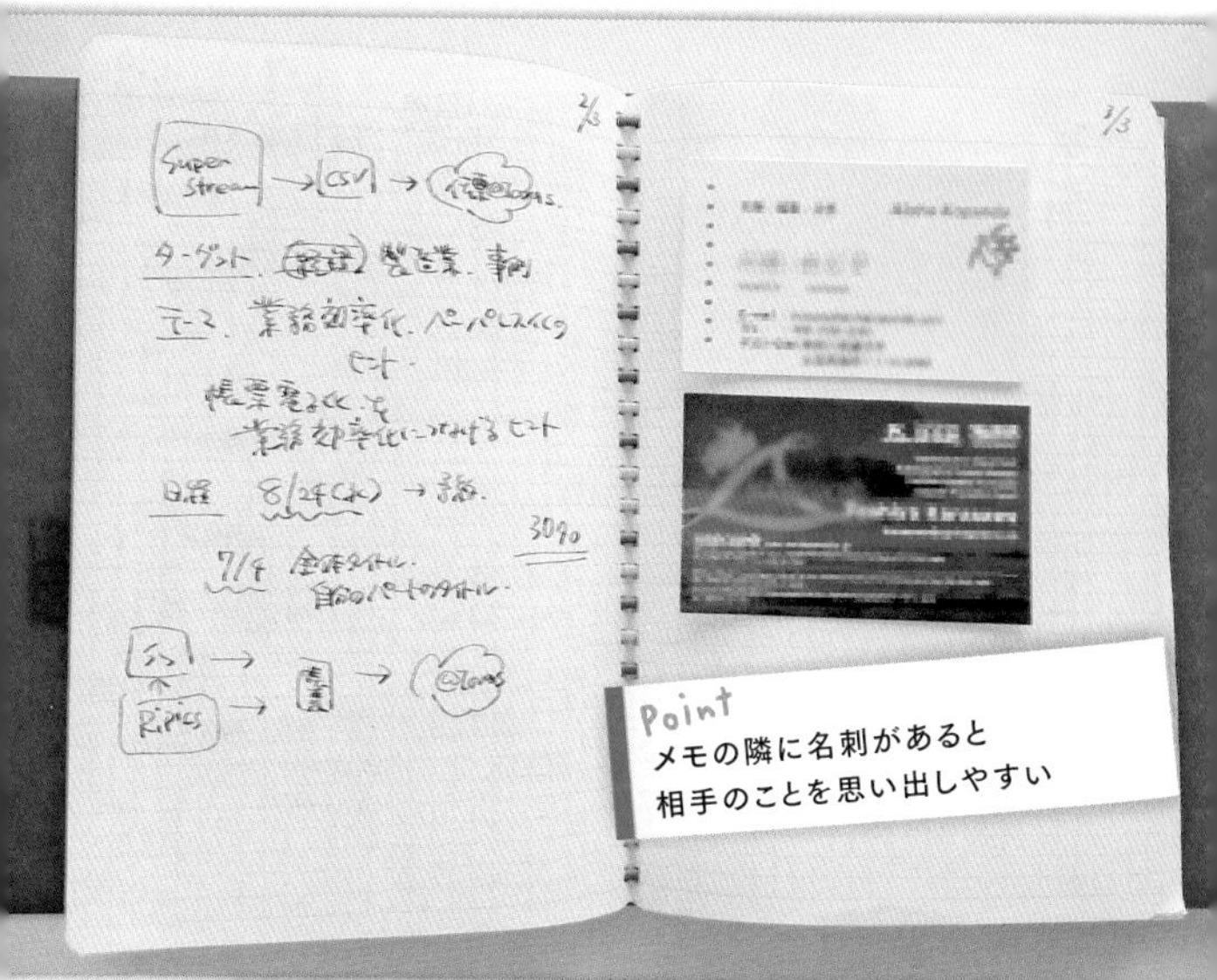

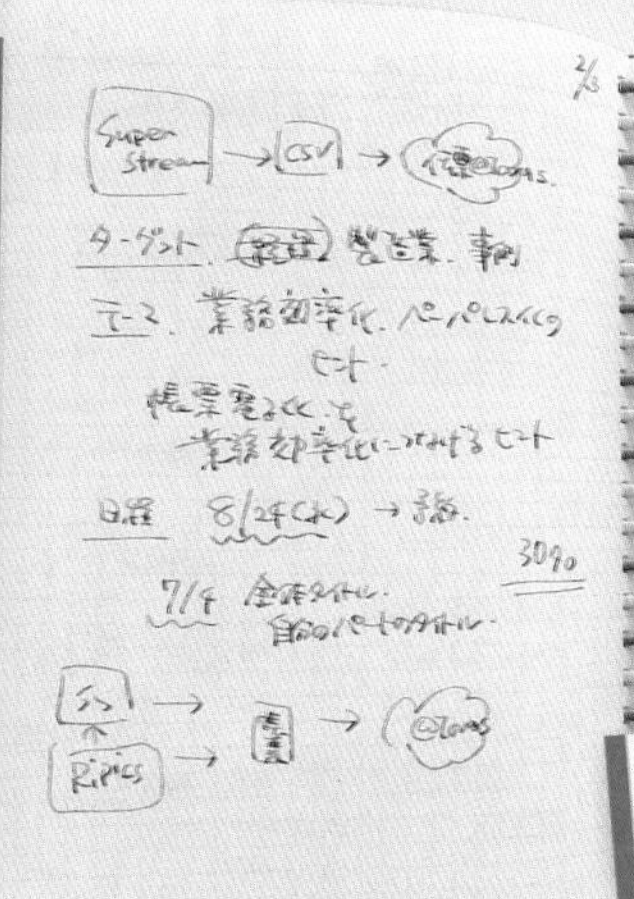

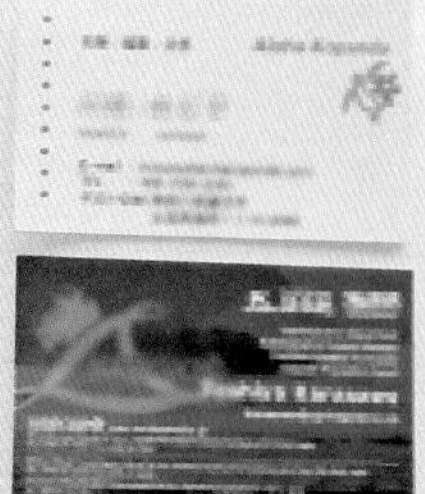

Point
メモの隣に名刺があると
相手のことを思い出しやすい

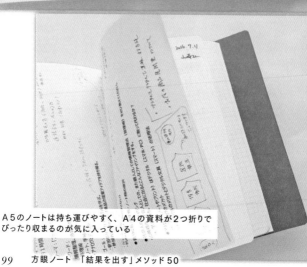

A5のノートは持ち運びやすく、A4の資料が2つ折りでぴったり収まるのが気に入っている

038

「スマホ写真」を貼って、ビジュアル強化

手書きと写真で、臨場感のある情報を記録する

仕事のときもプライベートのときも「測量野帳」を持ち歩きます。

セミナーに参加するときにも、野帳にメモをとりながら話を聞きます。そして、メモをとりつつ、可能であれば、スマートフォンで撮影も。その写真をプリントアウトしたら、手書きのメモの横に貼っておきます。

測量野帳よりも小さいモバイルカラープリンターは、持ち歩きがまったく苦にならず、オススメです。

プライベートで何か気になるものに出会ったとき、自分のフィルターを通して、じっくり観察して書き込んだ内容も重要ですが、「モノそのもの」を押さえた写真があると、さらに詳しく記録できるような気がします。

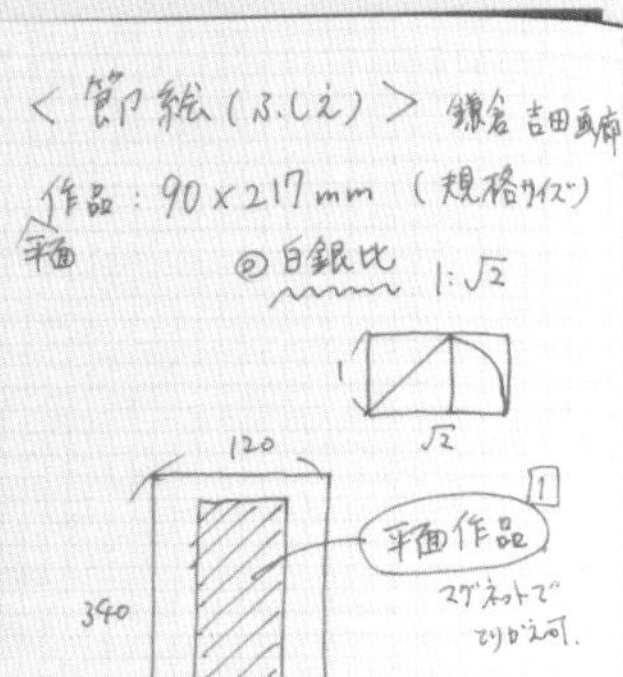

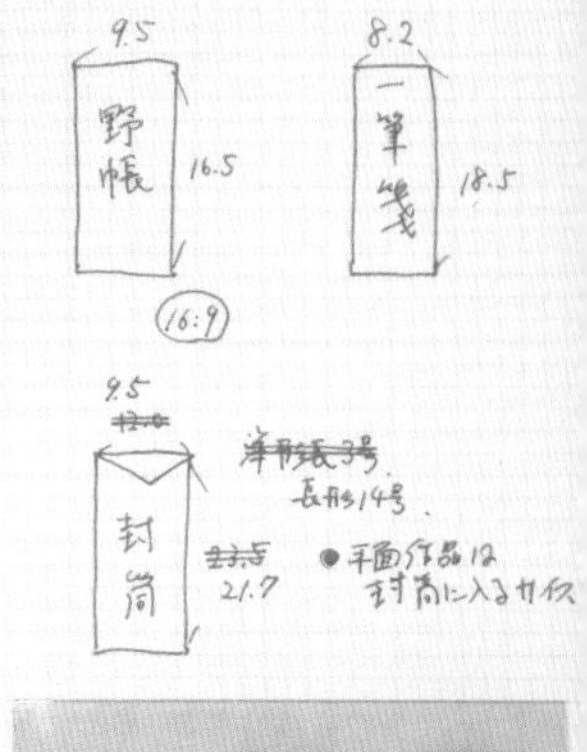

Point
測量野帳と重ねて持ち歩ける大きさのプリンターを使う

スマートフォン内の写真をケーブルなしでプリントアウトできる（Bluetooth 接続）

039

気づいたことは「ふせんで一元管理」

勘&感覚頼りを脱却。ふせんを使って「事実」を整理する

情報のシャワーの中で何かしら引っかかりがあったこと、興味を持ったこと、気づいたことなどをふせんに書き、それを時系列でノートに貼っています。太いペンを使うと文字数が限られるので、必然的に短い文章にすることを意識します。

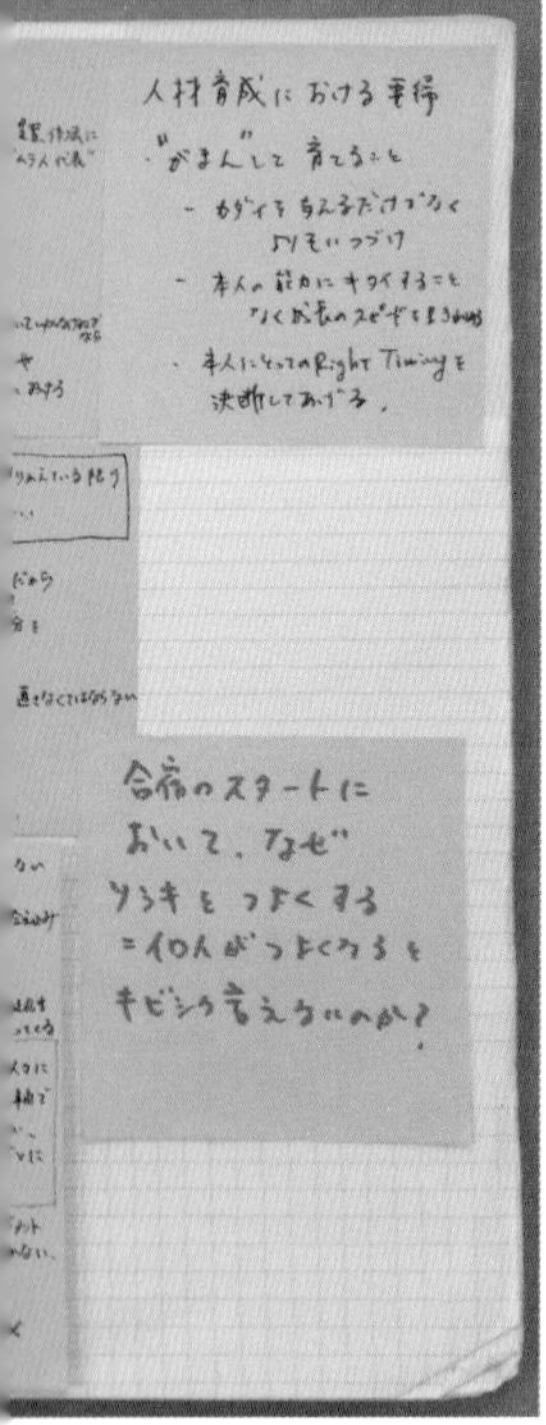

ふせんに記入するときは、太い水性ペンを使用します。

気になってはいるものの、その瞬間には理解できない情報もあります。それらもキーワードや短い文章でまとめて、ひたすら残していきます。

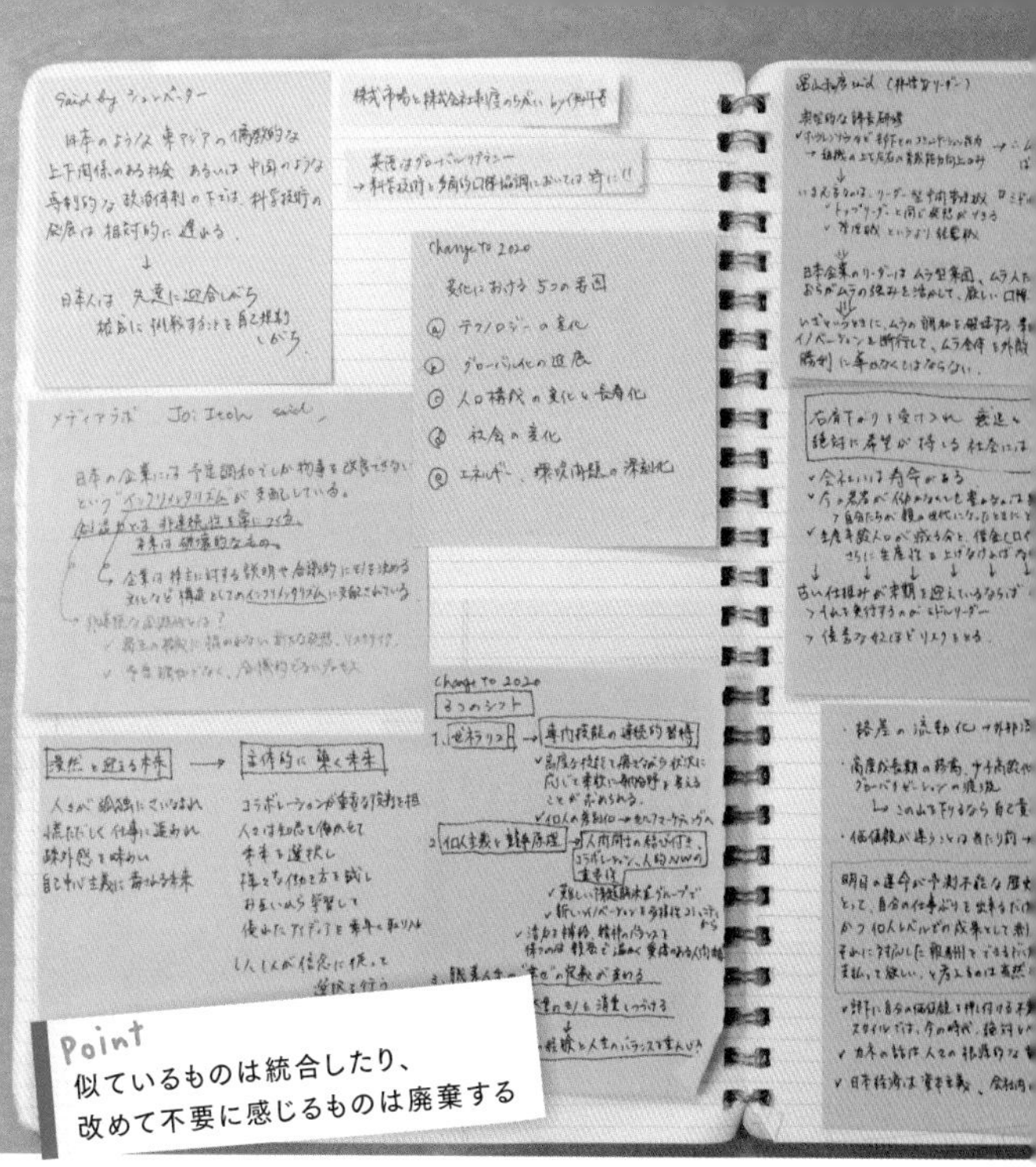

Point
似ているものは統合したり、
改めて不要に感じるものは廃棄する

　俯瞰したり編集することで、自分が何に興味を持っているのかを改めて整理でき、人前で話すときの良いネタ帳にもなります。

　仕事は勘や感覚だけを頼りにしていては正しい判断ができません。

　ふせんを活用して、大量の情報や事実をマネジメントすることで問題の解決策も見えてきます。

040 「キーワード」は囲む

キーワードが目に飛び込んでくると、記憶がよみがえりやすい

普段のメモには測量野帳を使っています。スケジュール帳代わりのスマートフォンと一緒に必ず持ち歩きます。野帳はビニール製のカバーに入れて使っていますが、カバーの折り返し部分（内側）には、自分の名刺や自社の小さなリーフレットなどを何枚か収納しています。常に持ち歩いている野帳に入れておけば、思わぬところでお客様に会ったときにも、すぐにお渡しできます。

メモを書くときには、まず日付とタイトルを記入します。その後は、書きたいことや思いついたことをズラズラと書いていきますが、その際、「キーワード」となる言葉を囲みます。ルールは特になく、とにかく目立てばＯＫ。目に飛び込んでくるキーワードが3～6個あるだけで、後からノートを見たときに「あ、あの話だ」とすんなり思い出せることが多いです。

Point
連想したことは線（矢印）で結ぶ

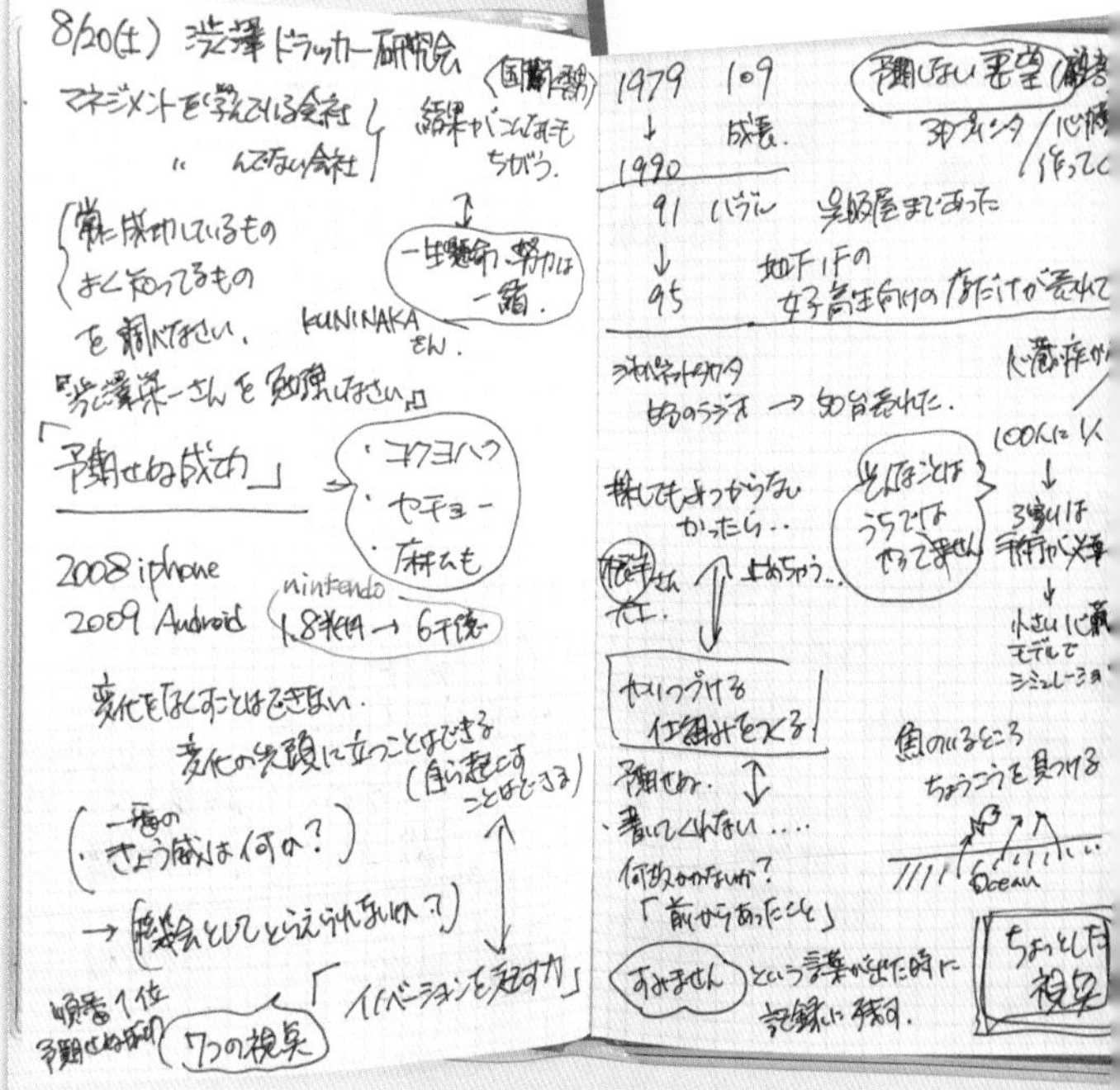

囲むときの形は自由。形も強弱も、そのときの気分しだい

041 疑問に思ったことは「吹き出しメモ」

頭を働かせながら受講すると、理解度がアップする

Ａ５サイズの方眼ノートを使用しています。セミナー受講時や発表を聞くときなど、一方的に話を聞く側になったときには、メモをとりながら、自分が感じたことや疑問に思ったことも書き込むようにしています。

たとえば、吹き出しをつくって、「〇〇できないときは、どうする？」「↓とにかくＡをＢにすることから始める！」などと、自問自答ふうにメモします。すると、自分の頭を使いながら話を聞くことになるので、ただ聞いているよりも、能動的に参加できるような気がします。

セミナー中のメモもそうですが、記述するときは、階層を意識します。大項目は「■」のマーク、中項目は「□」、小項目は「・」、まとめは「→」のマークをつけるなど。こんな簡単なルールを運用するだけで、断然、ノートが見やすくなります。

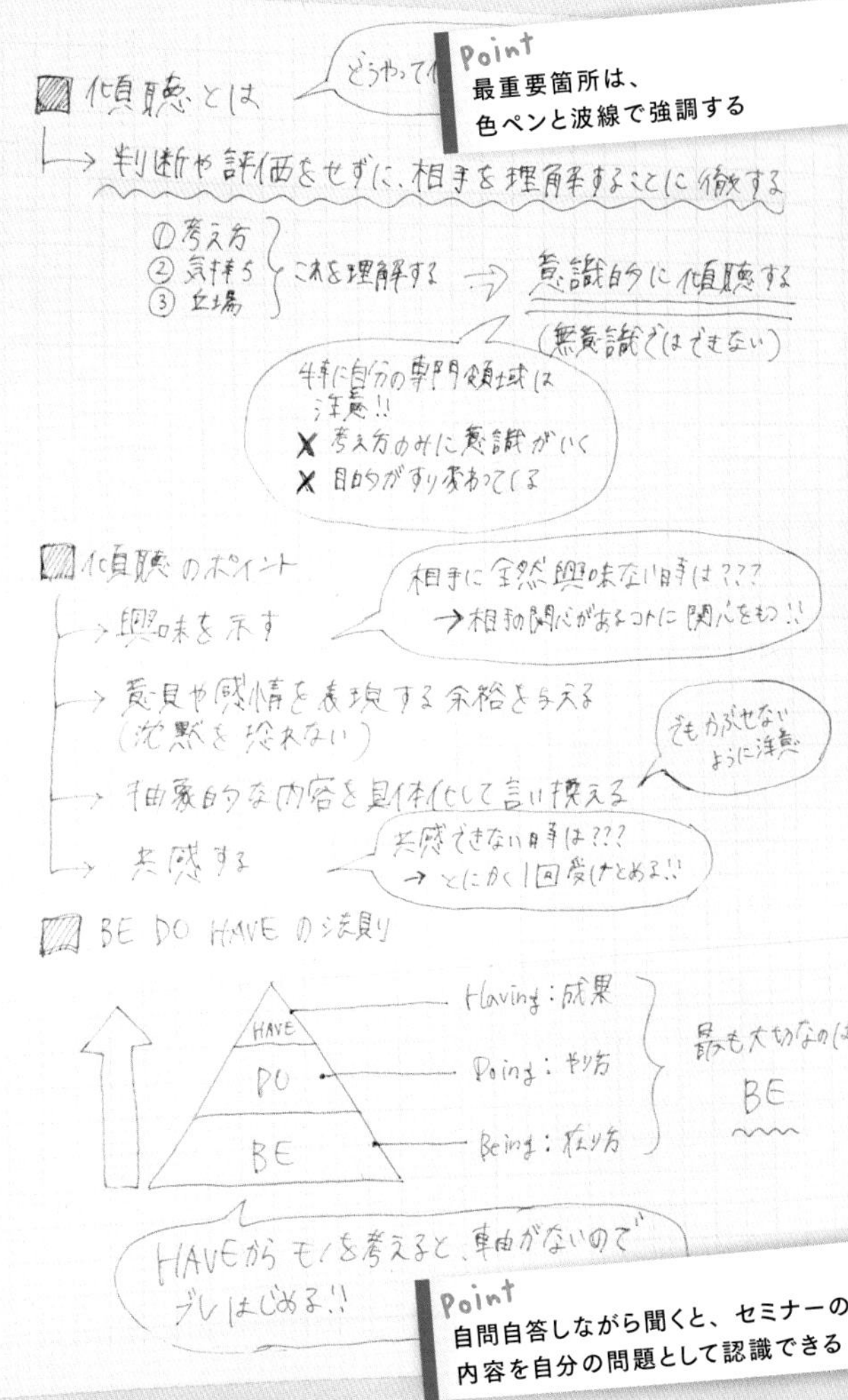
傾聴とは
どうやって
Point
最重要箇所は、
色ペンと波線で強調する
判断や評価をせずに、相手を理解することに徹する
①考え方
②気持ち
③立場
これを理解する
意識的に傾聴する
(無意識ではできない)
特に自分の専門領域は注意!!
✕ 考え方のみに意識がいく
✕ 目的がすり変わってくる
傾聴のポイント
興味を示す
相手に全然興味ない時は???
→相手の関心があるコトに関心をもつ!!
意見や感情を表現する余裕を与える
(沈黙を恐れない)
でもかぶせないように注意
抽象的な内容を具体化して言い換える
共感する
共感できない時は???
→とにかく1回受けとめる!!
BE DO HAVE の法則
HAVE
DO
BE
Having:成果
Doing:やり方
Being:在り方
最も大切なのは
BE
HAVEからモノを考えると、軸がないので
ブレはじめる!!
Point
自問自答しながら聞くと、セミナーの
内容を自分の問題として認識できる

042

黒と赤の「サインペンで書く」

最初は黒色、2度目に赤色で書いていく

A5サイズの方眼ノートを使用しています。80枚の多数枚タイプです。ノートに書くときは、ボールペンではなく、サインペンを使います。

まず、黒色のサインペンでどんどん書いていきます。次に、読み返すときには、赤色のサインペンで気になったところを目立たせていきます。文字を囲んだり、番号をつけたり、矢印で関係性を持たせたり……。

サインペンで書くのは、書き心地がいいからです。そして、太くて適度につぶれた文字は、他人がチラ見しても読めないので、あまり周囲を気にせずに書けるのが気に入っています。

方眼罫は、なんとなくグリッド感を意識する程度のものなので、厳密には気にしません。

Point
文字がつぶれてしまうのは
気にしない！

太いペンで書くときには文字数が制限されるので、
簡潔に書く訓練になる

043

カラーふせんで「見出し」をつける

色をたどれば、目的のメモをスムーズに見つけられる

議事録やメモなどは、A5サイズの横罫ノート（B罫）を使い、開発や研究業務ではA4の方眼ノートをヨコ長にして使っています。また、出張をするときには、コンパクトな測量野帳も携行します。

自分が開発部門にいる特権ですが、測量野帳は、以前、試作したカバーに入れて持ち歩いています。このカバーをつけていると、中に名刺が入れられ、ふせんをたくさん貼りつけられるので便利です。

ふせんはインデックスとしても活用しています。ノートは基本的に、1見開きに1案件で時系列に書いていきますが、いくつかの案件を並行してこなしていくため、同じ案件があちこちに記録されてしまいます。なので、小さなふせんで見出しをつけ、目的のメモを探しやすくしています（A案件はピンク、B案件はイエローなど）。

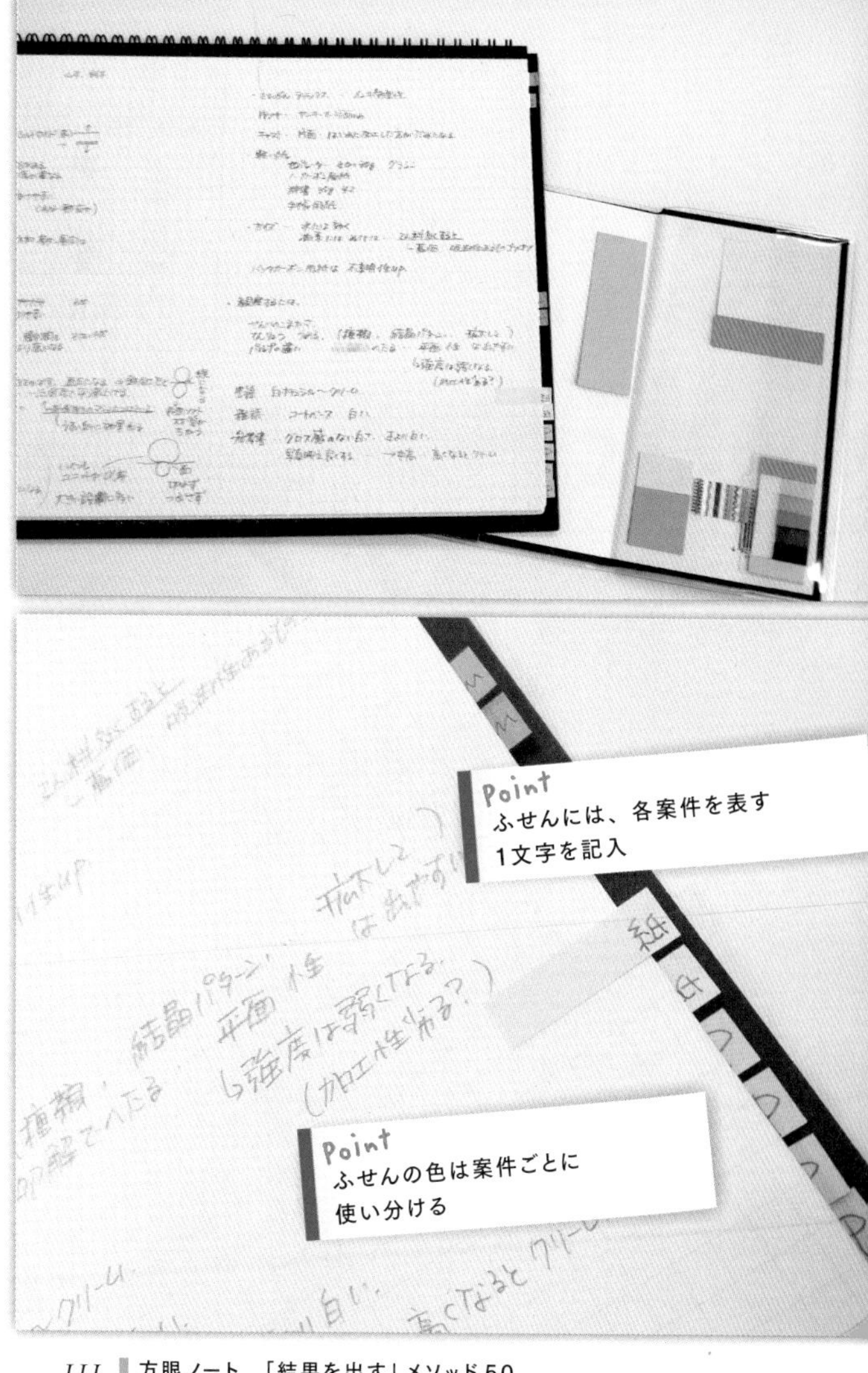
Point
ふせんには、各案件を表す
1文字を記入
Point
ふせんの色は案件ごとに
使い分ける

044

内容別に「短い文章」でまとめる

ページの個性を際立たせると、見つける・思い出すのが容易になる

ノートには、ヨコ1行の長い文章は絶対に書きません。何はともあれ、内容別に「短文」で分けて記述します。それが無理なら改行してしまい、「短い幅の数段のブロック」になるように書きます。このときブロック（内容）ごとに色を使い分けることもあります。

これらのブロックとブロックは間隔を空けておき、ブロック間に関係線を引いてつないだり、線で囲んでグループにしたりします。

このブロックを意識して書いていると、ページごと（=仕事や話題・テーマ別）にブロック群の量や構造・関係性・色づかいなどが全く異なってくるので、各ページの印象に個性が生まれます。その結果、ページの内容と共に（エピソードを記憶的に）「見つける・思い出す」ことが容易になります。

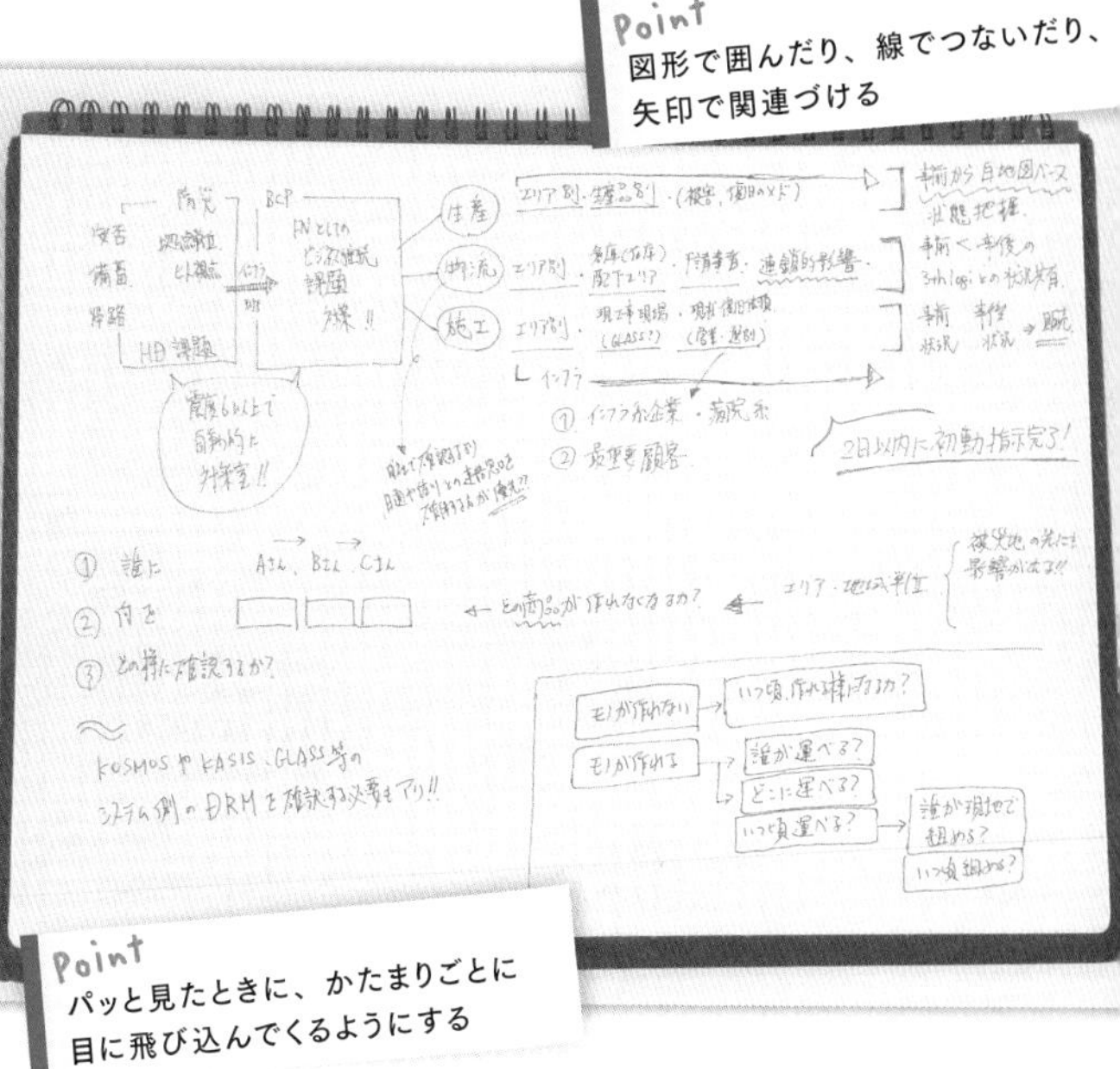
Point
図形で囲んだり、線でつないだり、
矢印で関連づける
BCP
HD課題
生産
物流
施工
2日以内に初動指示完了!
KOSMOSやKASIS、GLASS等の
システム側のDRMを確認する必要もアリ!!
モノが作れない
いつ頃、作れる様になるか?
モノが作れる
誰が運べる?
どこに運べる?
いつ頃運べる?
誰が現地で組める?
いつ頃組める?
Point
パッと見たときに、かたまりごとに
目に飛び込んでくるようにする

045

真ん中に線を引き、左右で使い分ける

「左にインプット、右にヒアリング」あるいは「左にメモ、右にＴｏＤｏ」

表紙が厚紙の方眼ノート（Ａ５、またはＢ５）を使っています。

ノートは、真ん中に区切り線を引いて、左右を分割して書いていくことが多いです。

１つの案件を１ページに収め、一覧性をキープしたいのでこの方法になりました。

よく「字が小さい」と言われますが、方眼のマス目を意識しながら書いていけば、細かい文字を書くのは、それほど難しくありません。

お客様先を訪問したときには、よそのお客様の情報が目に触れないように、ページ割りにも気をつけます。

お客様先でのノートは、ノートの区切り線の左側に事前インプット、右側にヒアリング内容を記入します。打ち合わせの後には、まとめのページをつくって、区切り線の左側にまとめメモ、右側にＴｏＤｏ事項を書き出します。

2016.8.4 16:00- @新宿
社 山本様

☑ Mセミアンケートより（7/28 問題解決）

・カダイ　・時間がない
　　　　　・研修マンネリ化

・実施しているもの　・新人・マナー
　　　　　　　　　　・管理職
　　　　　　　　　　・キャリア開発

・強化したい　・クリエイティブ思考
　　　　　　　・論理思考
　　　　　　　・プレゼン

※営業部門での研修検討中

☑ HPより

・社員数：約3600名
・本社：大阪
・支店：11拠点（北～東阪～九）
・事業：機械部品製造販売
　（ビル、自動車、ロボット）

・教育（人事）：

1～2年　・新入社員→OJT→フォロー
　　　　　（6ヶ月）（1.5年）（3日）
中ケン　・コミュニケーションキソ
　　　　・ロジカルシンキング
係長GL　・ソシキ活性化
管理職　・マネジメント

＋eラーニング

〈ヒアリング項目〉

①．部門で感じている課題
②．Mセミ参加理由／感想
③．部門での研修導入状況
④．対象階層、人数、時期

TODO
い．HH提案 ←～8/16
　（プログラム、価格）
い．8/下旬アポ ←8/19 AM10

面会者：営業企画部　山本B
　　　　　　　　　　西口K

①②
・2020年に向け、対応力強化したい
・営業向け研修［外部（個人）
　　　　　　　　社内コウシ ③

Point
お会いした方の名前は必ず上に記入する

・一面的→コ客視点/多面的
（山本さん）
・新規コ客開拓　60名
　→コ客同士を結びつける発想に。
・すぐに結果がでるものではない。
・ブレイクスルー → こりかたまっているところを変えたい。
　（課長前後のクラス）

③
本社　　　　営業
若手　0年目？
　求められるスキル
中ケン　10年目
　・クリエイティブ（外ブ）
　・対人スキル
　＋人からみた自分
マネジメント
　・マネジメント
　（・ディスカッション
　　・イシキ改革）

・キソはやるが
　あとはOJT
・事例共有会
　（年2回）

④
★・課長7～8年（中堅タタ）　40代メイン
　・マネージャークラス　20名
　（主任～課長前後）

★ カダイ解決ベース
　プロセスで発想広げる？

　考える力 → 伝える
　　　　　　　ボクコク
　→・ロジカルにクリエイティブ!!

左と右で対応する箇所には、同じ番号をつけて明示している

046

「打ち合わせメモ」は前から、「発想メモ」は後ろから

1冊のノートを2つの目的で使える

なるべく持ち歩く荷物を少なくしたいと思っています。「持ち物を減らす」ということは、必要なアイテム数を減らすことで、忘れ物をするリスクを減らす効果もあります。ノートも同様で、「打ち合わせ用ノート」と「思いつきを書くノート」を分けたほうが便利なのですが、2冊持ち歩くのは荷物になるので、常々どうにかしたいと思っていました。かといって、「打ち合わせ記録」と「思いつき」が混在しているノートは、読み返すときに不便ですし……。

そこで、「思いつきを書き留める場合は、ノートの後ろから逆さまに書くこと」を思いつき、実行しています。以前、中国で「東大ノート」ならぬ「復旦大学ノート」を制作していたときに、中国では「ノートは両側から使う」ということを聞き、それをヒントにしてみたのですが、実際やってみると、かなり便利で満足しています。

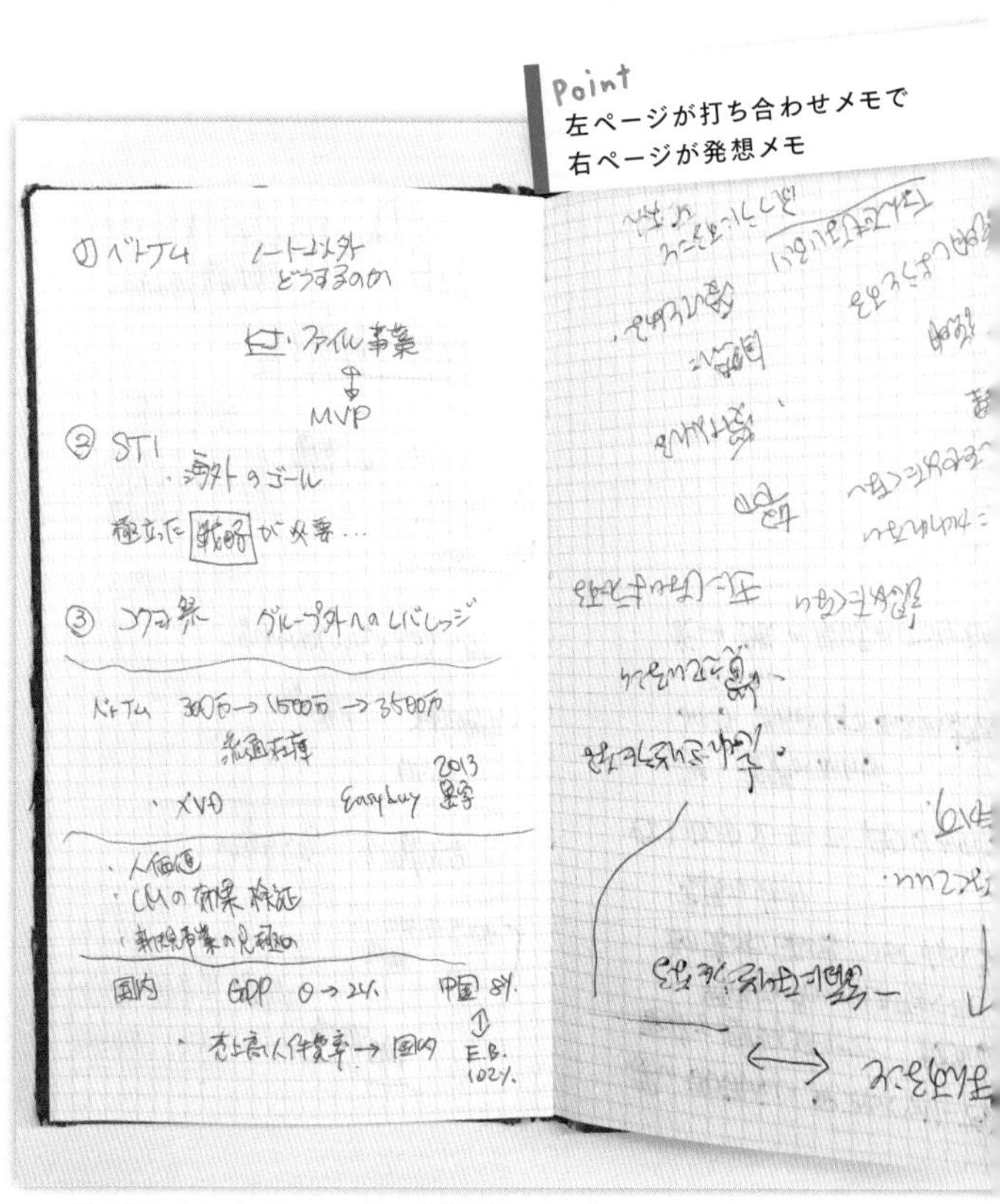

打ち合わせのメモは、ノートの前から書いていき、
発想のメモは、ノートの後ろから逆さまに書いていく

047

「矢印」を活用する

矢印を見れば、ノートの時間軸がわかる

ノートに記録するときには、意識的に矢印を多く使っています。

矢印を使って、「どこからどのようになっているか」を示しておくと、後からメモを見たときにも、すぐにメモの時間軸が見えるので、理解しやすいです。

また、重要な項目やピンときた言葉などは、キーワード化して（枠で囲んだり、下線を引いて）、ほかの言葉よりも目立つようにします。これらのキーワードに関連して自分で考えたことがあれば、やはり矢印でつないで書いておきます。

写真のノートは測量野帳ですが、セミB5サイズのリングノートも併用しています。リングノートは、会議やお客様との打ち合わせのときに使用します。客先では、ノートを膝の上に載せて書いたり、立ったまま書いたりすることも少なくないので、コンパクトで表紙と裏表紙がしっかりしていることがノート選びの条件です。

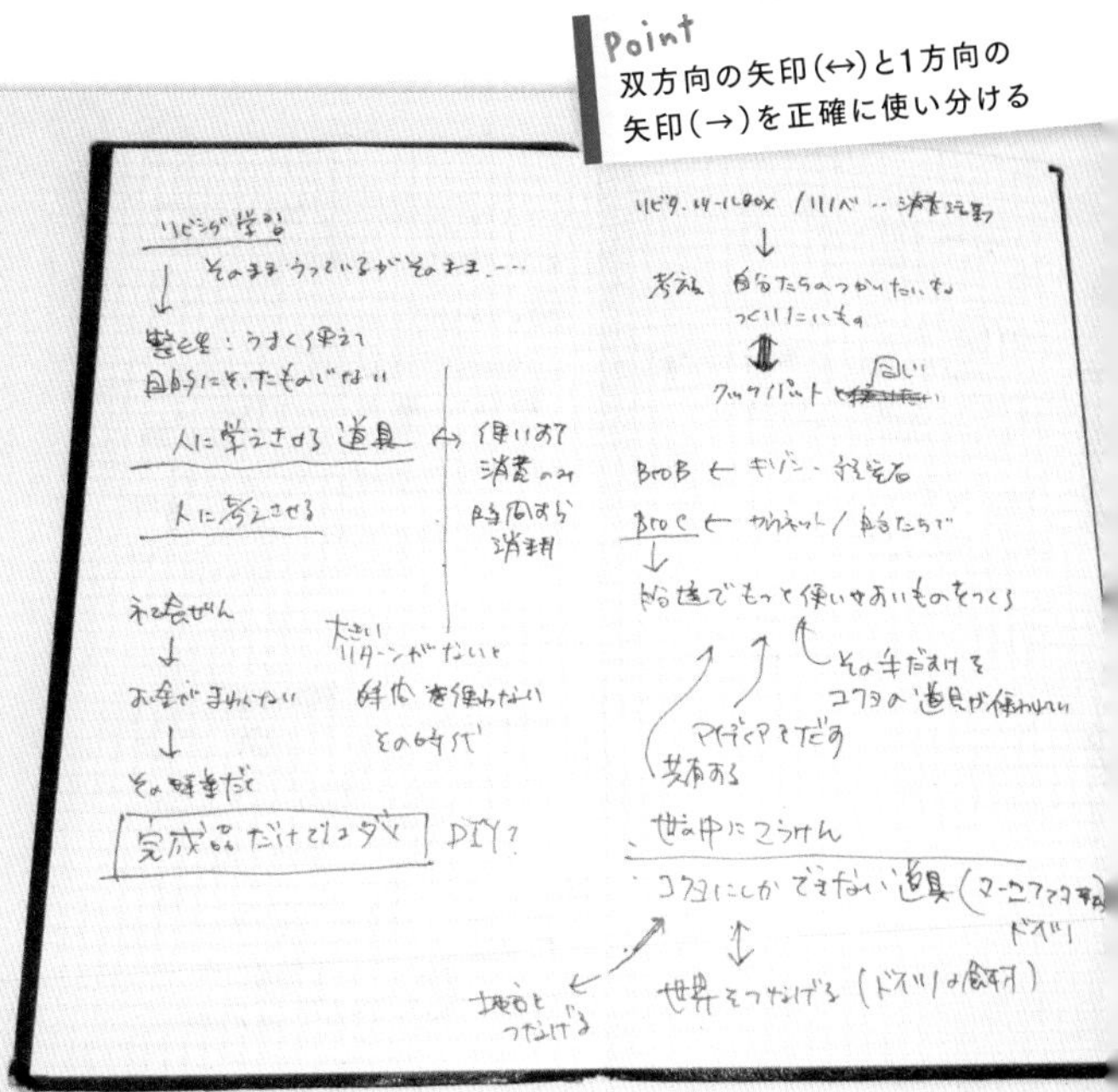

Point
双方向の矢印(↔)と1方向の矢印(→)を正確に使い分ける

測量野帳は紙面が小さいので、短い言葉と矢印を駆使して、ダラダラと長いだけの文章を書かないようにしている

048

表紙の裏側に「ＴｏＤｏコーナー」をつくる

ＴｏＤｏと名刺を常に携行する

普段、必ず持ち歩くのは、スケジュール確認のためのスマートフォンと測量野帳です。測量野帳は、ポケットにも入り、スマホと重ねて持ち歩くのに便利です。

測量野帳の表紙の裏側には、シールで貼れる「ポケット」をつけて、名刺を数枚、収納しています。というのも、外部の方と打ち合わせする際、同席されるのは担当者だけかと思っていたら、その上長の方やＯＪＴ中の新入社員もいらっしゃって、急遽、名刺交換！　という場面がよくあるからです。

この手帳の表紙裏のスペースには、ふせんに書いたＴｏＤｏを何枚か貼っています。

納期管理としてのＴｏＤｏは、スマホやパソコンに連動しているカレンダーで行っていますが、ちょっとしたものは、ふせんに書いて貼り、「完了したら、すぐ捨てる！」を遵守することで、サクサク終えられます。

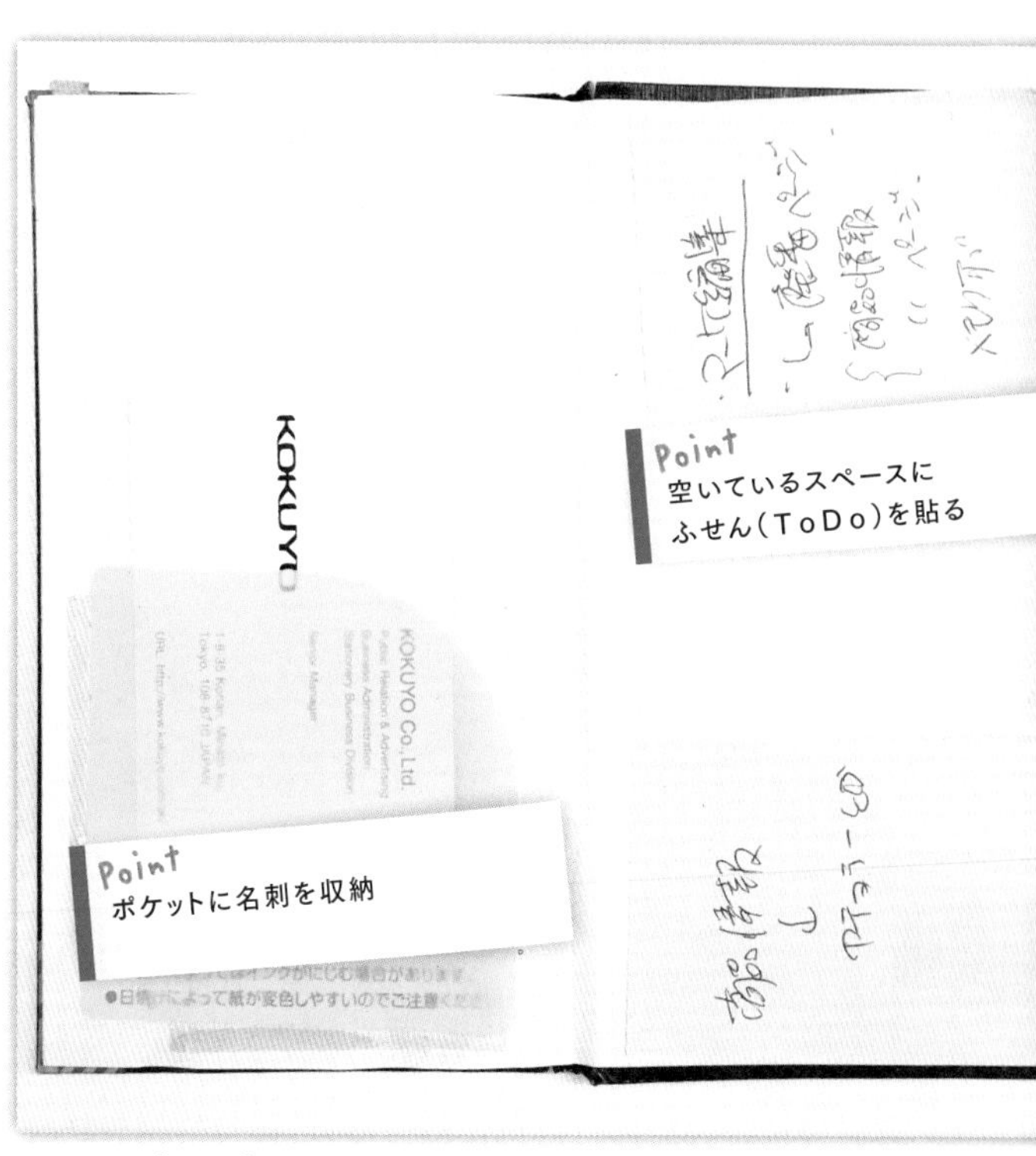
Point
空いているスペースに
ふせん(ToDo)を貼る
KOKUYO
KOKUYO Co.,Ltd.
Point
ポケットに名刺を収納

ふせん（ToDo）が増えると美しくないので、
率先して片づけたくなる

049 資料は「電子化したら、捨てる」

書いたものは、どんどん捨てていく

概念を整理する企画業務が多いため、基本、「ノートは思考を整理するために使うもの」という前提です。見返すことは少ないので、書いたものはどんどん捨ててしまいます（ホワイトボードの感覚に近い）。

そのため、ページを切り離せるタイプで無地に近いものをチョイス。大量に紙を消費するので、レポートパッドをメモ帳のように使うことが多いです。

ヒアリングや議事録など、後で見返す可能性のあるものを書くときには、やや紙質が硬めの剥ぎとりタイプのノートを使っています。しかし、こちらも長期の保存はせず、電子資料に取り込んで、紙のほうは捨てます。

捨てる予定の紙が机に積み上がっていくので、残す資料と混ざらないように、「捨てるものは2つ折り」を厳守しています。

Point

企画を構想したりするときは3色で書き分ける

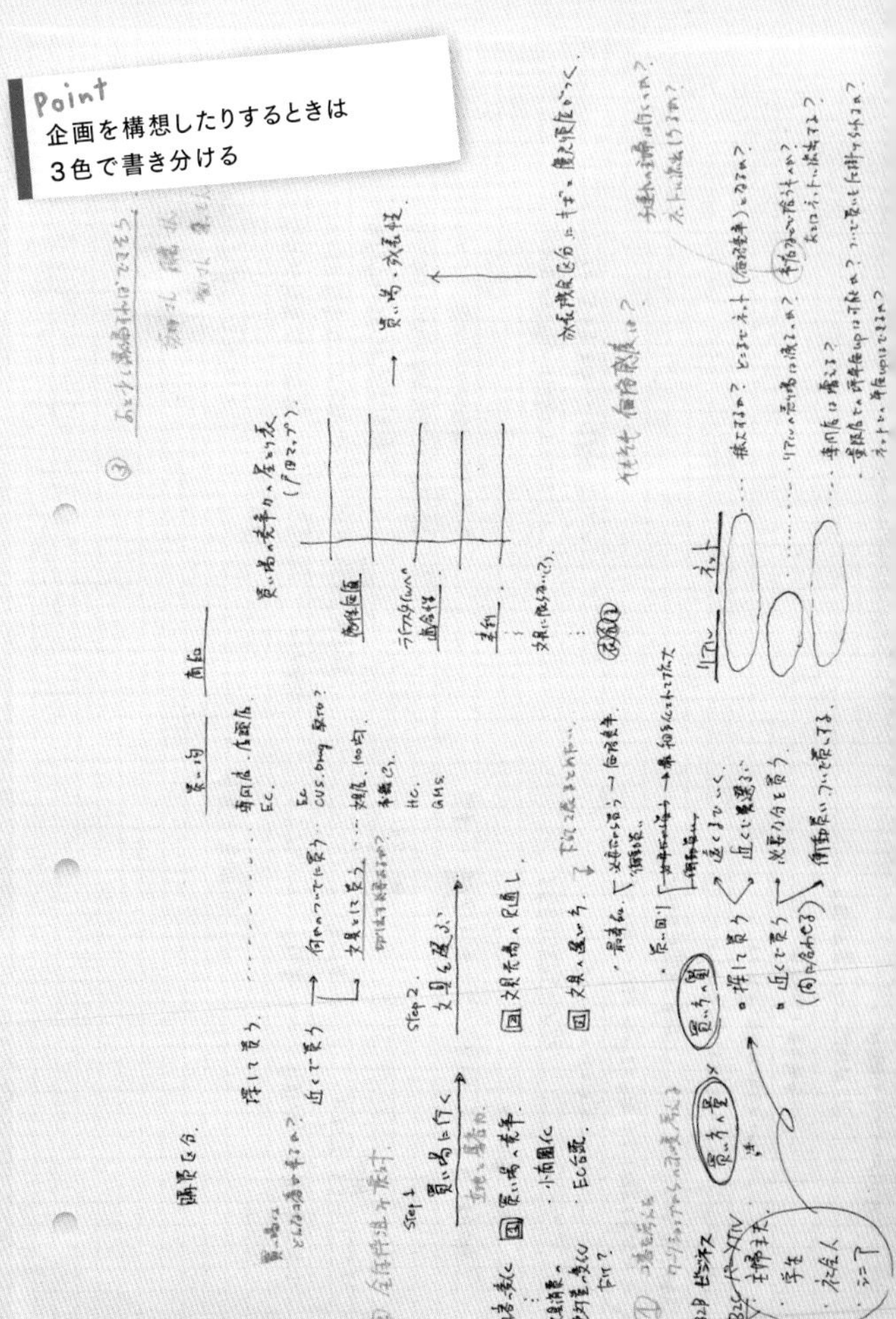

ベースは黒、キーポイントや今後のアクションは水色、疑問点や確認ポイントはピンクを使用

050

「タスクナンバー」で紐づける

タスクリストに基づき、タスクナンバー&検討内容をノートに書く

タスクリストは、Ｅｘｃｅｌや最近ではＧｏｏｇｌｅ スプレッドシートを利用しています。これは同僚やパートナーと共有するのに便利なので、プロジェクトマネジメントをするようになってから、ずっと実施しています。

タスクリストは、なるべくシンプルに、ひと目で「何の業務が」「どのステータスになっているか」をわかるようにしておきたいので、検討している内容すべてを書き込むわけにはいきません。そこで、細かいことはノートに書き込んで検討するのですが、その際、似通ったものが多い「タスク名称」で書かれていると非常に探しにくいので、「タスクナンバー」を記入しています。番号だと、ほぼ間違えることはありません。

ちなみに、「No.」ではなく「#」という記号を使っているのは、なんとなく「仕事してるぞ!」という意識が高まるからです。

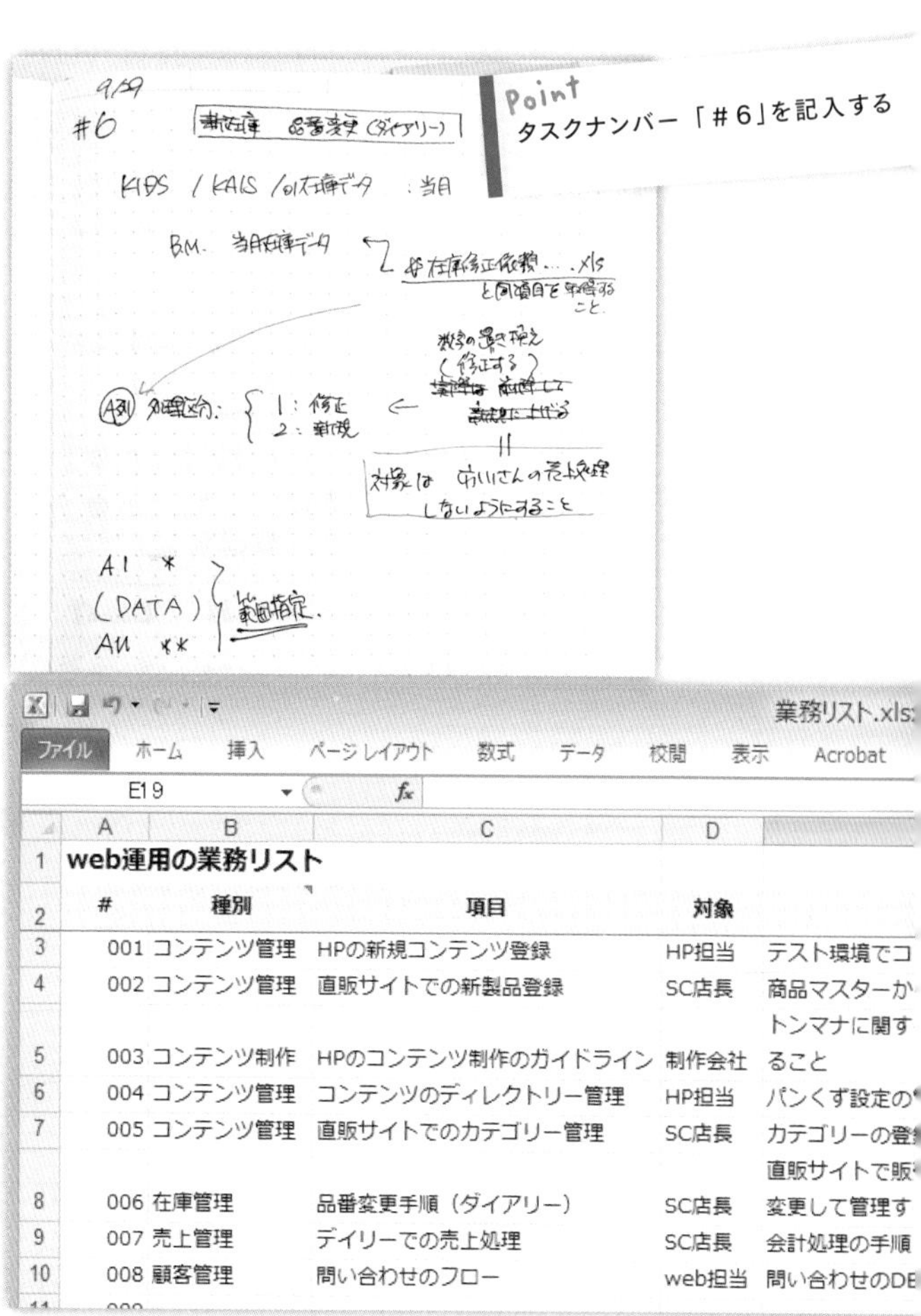

多数のプロジェクトを並行して動かしているので、タスクナンバーで
管理されていると効率的にまわせる

この章で使えるノート

あると便利なアイテム

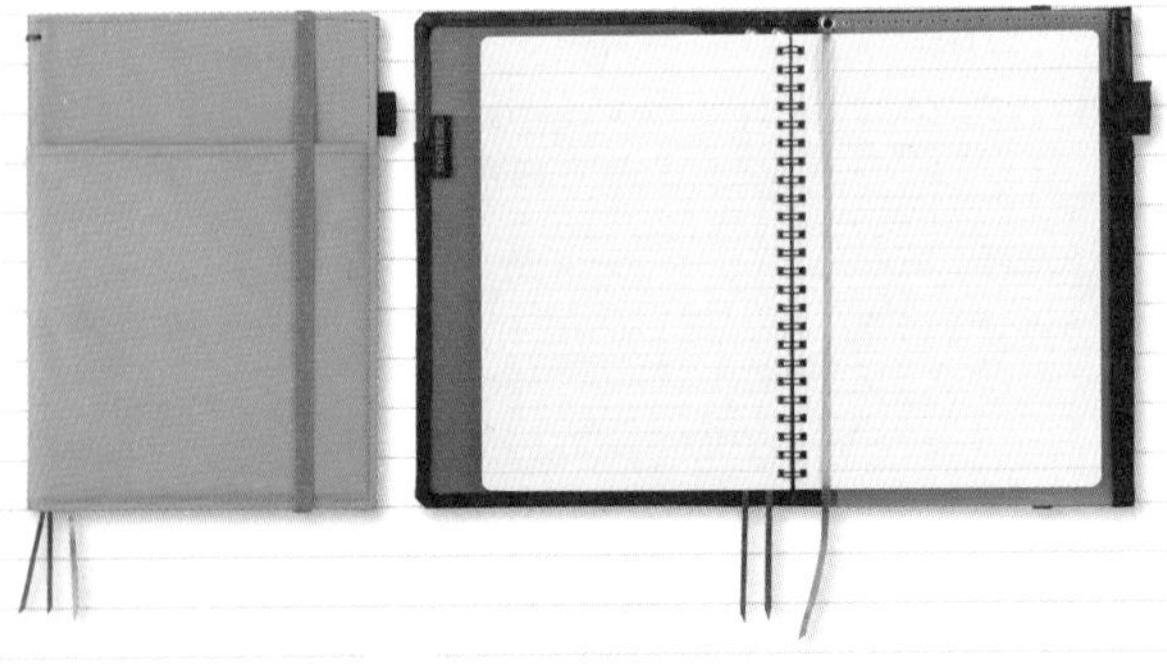

Part 2
横罫ノート
「結果を出す」メソッド30

・重要な情報を確実にストックする
・記録した内容をアクションにつなげる！

051

「よく使う情報」は最後のページにまとめる

何度も調べたくない情報をまとめて書く

ノートの最後のページには、業務でよく使う情報をまとめて記入します。たとえば、パスワードや稟議番号、予約した会議室の情報、社内便の送付先、部門コードなどなど……。これらは頻繁に必要となる情報ですが、毎回調べていると時間がもったいないですし、誰からも見える場所に貼りっぱなしにしておくのもセキュリティ上、はばかられます。

ノートが変わるたびに情報を書き写すのは、それほどの手間ではありません。定期的に社内事情も変わりますから、情報を整理する良い機会だと思っています。

左の写真のように、もうすぐノートが終わりそうなときは、直接ノートに書かずに、ふせんに書いて貼っておきます。新しいノートに切り替わるときには、これらのふせんも移動します。

人事総務 ＿＿さん
大阪 2F 人事サービスG

勤務表

＿＿：Gコード

5/26	104	12:00－13:00	← 105
6/2	105	11:30－13:00	← 104
6/9	ひのき	12:00－13:00	つづき
6/16	まつ	11:30－13:00	← ひのき
6/23	ひのき	12:00－13:00	つづき
6/30	ひのき	12:00－13:00	つづき

Days mtg へや.

7/28	13:30－16:30	ラウンジ
8/8	13:00－16:00	ミニ700
8/25	13:30－16:30	00
9/8	13:30－16:30	00
9/20	13:00－16:00	05

SSmtg

Point
ノートは常に持ち歩いているので
いつでも情報にアクセスできる

空間設計の仕事をしていたときは、方眼ノートをメインに使っていたが、今は横罫ノートを使っている

052

「顧客ごと」にページを替える

「重要度」に応じて、赤↓青↓黒↓シャープペンで書き分ける

商談のノートをとるときは、顧客ごとにページを改めます。前回、前々回……の商談内容を振り返ることも多いので、ページ数が多めの横罫ノート（80枚）を使っています。

ノートのサイズはA5サイズ。お客様ごとにページを替えるため、A4サイズだと、余白ができてしまうケースが多くなり、もったいないからです。

ノートは、社内用と社外用をつくって使い分け、ノートカバーに収納しています。カバーは、競合調査の観点から、毎年、他社商品を購入します。

メモをとるときには、重要な順に、赤↓青↓黒↓シャープペンシルと色分けします。また、ノートを見直した際、すぐに話の流れや関連が思い出せるように、視覚（点線・矢印・囲みなど）を重視して書くようにしています。

Point
左ページにA社、右ページにB社……とページを改めて使う

キャンパスノートのA5サイズを使用。商談用のノートは、ほぼ半年に1冊を使い切る

053 ノートの背に「通し番号」、表紙に「日付&内容」を

4年前に出席したセミナーのノートも、すぐに探し出せる

使い終わったノートは、表紙と背表紙に「使用期間」と「通し番号」を記入して保管しています。表紙のほうには、日付とノートの中身も記載します。

ノートは現在、381冊目。入社時のノートから保管しています。

入社当時に横罫ノート（キャンパスノート）を使用していた延長で、今も同製品を使い続けています。ノートは、だいたい年間10冊以上は使っていますが。通し番号と日付があるので、たとえば「4年前に聴講した○○のセミナー」といった内容も、すぐに見つけられます。

半月程度で1冊を使い切るときもあるので、予備のノートをカバンの中に常に1冊入れています。最近のキャンパスノートは、昔に比べ、ずいぶんと軽くて丈夫になったので重宝しています。

Point
表紙には、日付と内容を書く

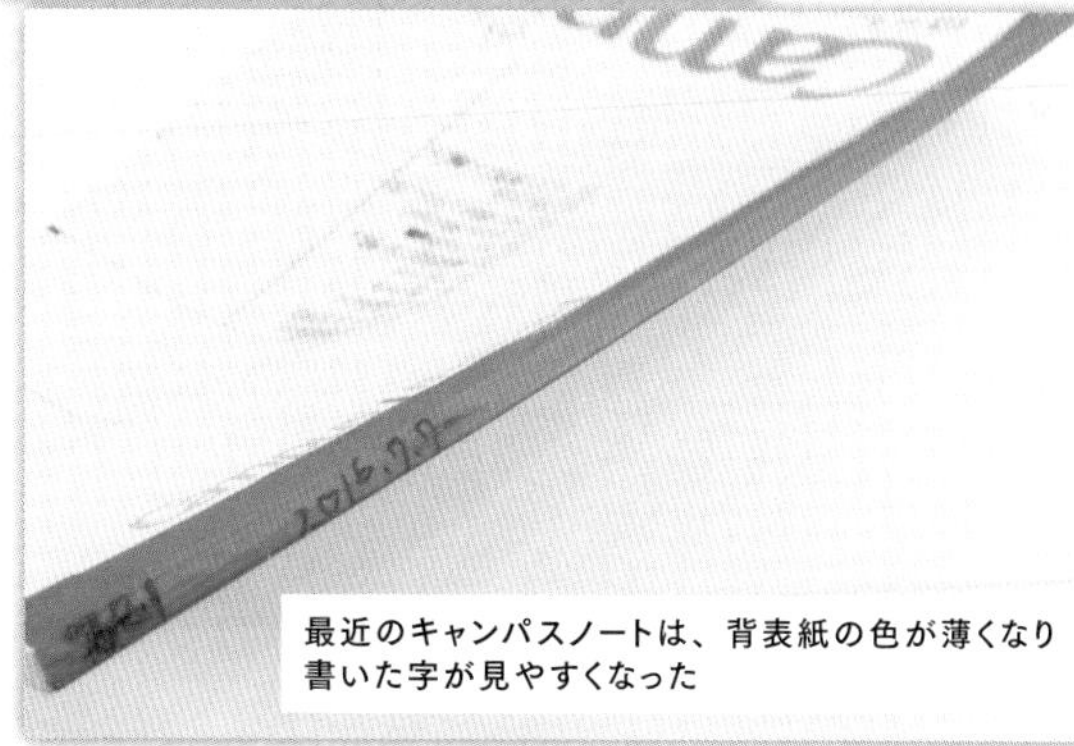

最近のキャンパスノートは、背表紙の色が薄くなり
書いた字が見やすくなった

054

横罫を時間軸にして「スケジュール管理」

ノートをヨコ向きにしたときの罫線の間隔がちょうどよい

スケジュール表を書くときに、横罫ノートをヨコ向きにして使うと、罫線が時間軸になります。時間の記述欄がたっぷりとれるので、時間を示す矢印だけでなく、注釈やコメントを書き込むスペースも十分にあります。

スケジュール表を書くとき以外は、ふつうの向きで使っているので、ヨコ向きのページはとても目立ちます。スケジュール表は見返す機会が頻繁にあるので、見つけやすくて便利です。

今使っているノートは、コンビニエンスストアで買ったコクヨ製のシンプルなリングノートです。終業後は保育園に直行なので、ノートを買いに行く余裕はナシ。かといって休日にわざわざ買いに行くのもちょっと……。ランチ外出のついでにコンビニで買える！　という点も、このノートを愛用する理由です。

Point
横罫を時間軸にするので、上部に「日付」、左に「項目」を書く

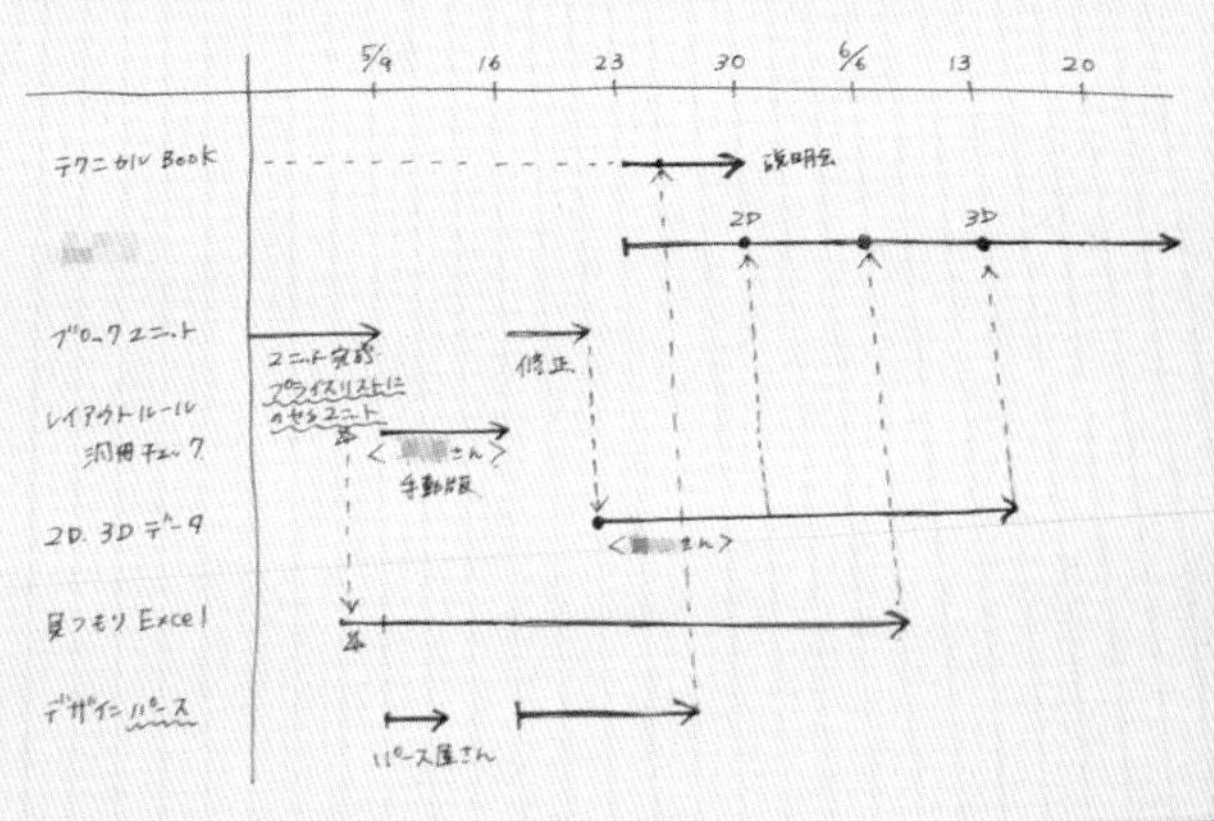

狭すぎず、広すぎず、ほどよい間隔の横罫は、
スケジュール表にピッタリ

055 不要なページに斜線を入れる

放置している業務の見落とし、モレがなくなる

B5やA4サイズのノートを使っていたときには、右側に大きな未記入部分（空白）ができてしまっていたので、今はスリムB5サイズを使っています。現場で立ったまま書き留めることもあるので、片手で持てるリングノートのタイプを選択します。

不要になったページやタスクが完了したページには、「完了」を表す斜線を入れるようにしています。こうしておくと、見返したときに、斜線を引いていないところ（やらなくてはいけないこと）がハッキリと浮き彫りにされるからです。

たとえば業務の中には、他部署との連携が必要になるなど、簡単には処理できないものがあります。いつまでも斜線の入らないページは、そうした業務である可能性が高いということです。斜線を引くことによって、そうした問題を放置することがなくなり、打開策を検討するタイミングを逃さなくなりました。

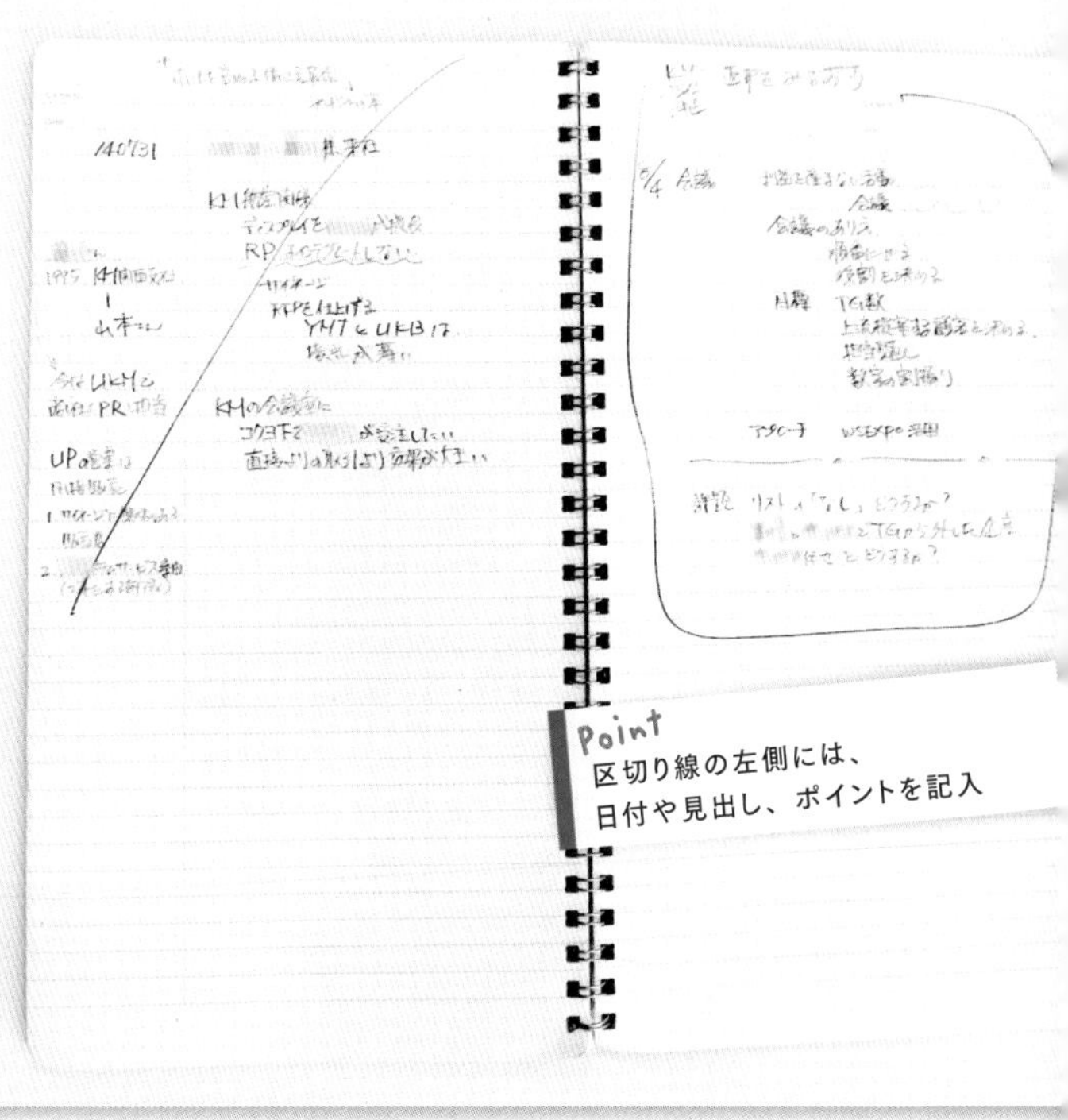

Point
区切り線の左側には、
日付や見出し、ポイントを記入

回想するときにイメージやニュアンスを思い出しやすいので、
他人のコメントや自分の感想もメモするようにしている

056

「箇条書き」でメモする

その場では大量にメモし、ノートを見返すときにまとめ上げる

とにかく文字をたくさん書きたいので、罫線の幅は狭いほうが望ましいです。というのも、客先でヒアリングなどをする際、お客様の話のどこにヒントがあるかわからないので、できる限り多くのコメントを箇条書きで残しておきたいからです。

まずは相手の言葉をできるだけ多くメモし、その後、ノートを見返すときに、まとめていくようなイメージで作業しています。

ヒアリングする際は、両ページを使えるように、ノートを見開きで使います。

左上に日付、顧客名、同席者を書きます。

もし、初対面の人が何人もいるような場合は、その人が座っている位置をメモしたり、顔の特徴をメモすることもあります。

Point
とにかく、箇条書きで
どんどん書いていく

メインで使うペンの色は青色。間違っても
簡単に消せる「フリクション」を使っている

057 走り書きはメモ用紙ではなく、ノートの終わりから

ノートに書いておくと、行方不明にならない

Ａ４サイズの横罫リングノート（６ミリ罫）を使用しています。表紙になっている厚紙が硬いので、カバンの中でも紙が折れにくいところが気に入っています。

少し前までは無地ノートを使っていましたが、ページの減りがとても早かったので、最近、罫線のあるノートに変更しました。私の場合、罫線があるほうが文字の大きさが整うようで、ページの消費量は減りました。

ノートの一番後ろのページには、走り書きのメモを書いています。たとえば、予約するつもりの新幹線の時刻とか、人の電話番号など、一時的に使用するような内容です。ふせんなどの小さい紙に書いておくと、紛失することがありますので。最終ページが終わったら、ページをめくり、どんどん裏表紙側↓表紙側へと進んでいきます。絶対にここに書いてあるという安心感があります。

Point
走り書きのメモはノートの
後ろ（裏表紙側）から書く

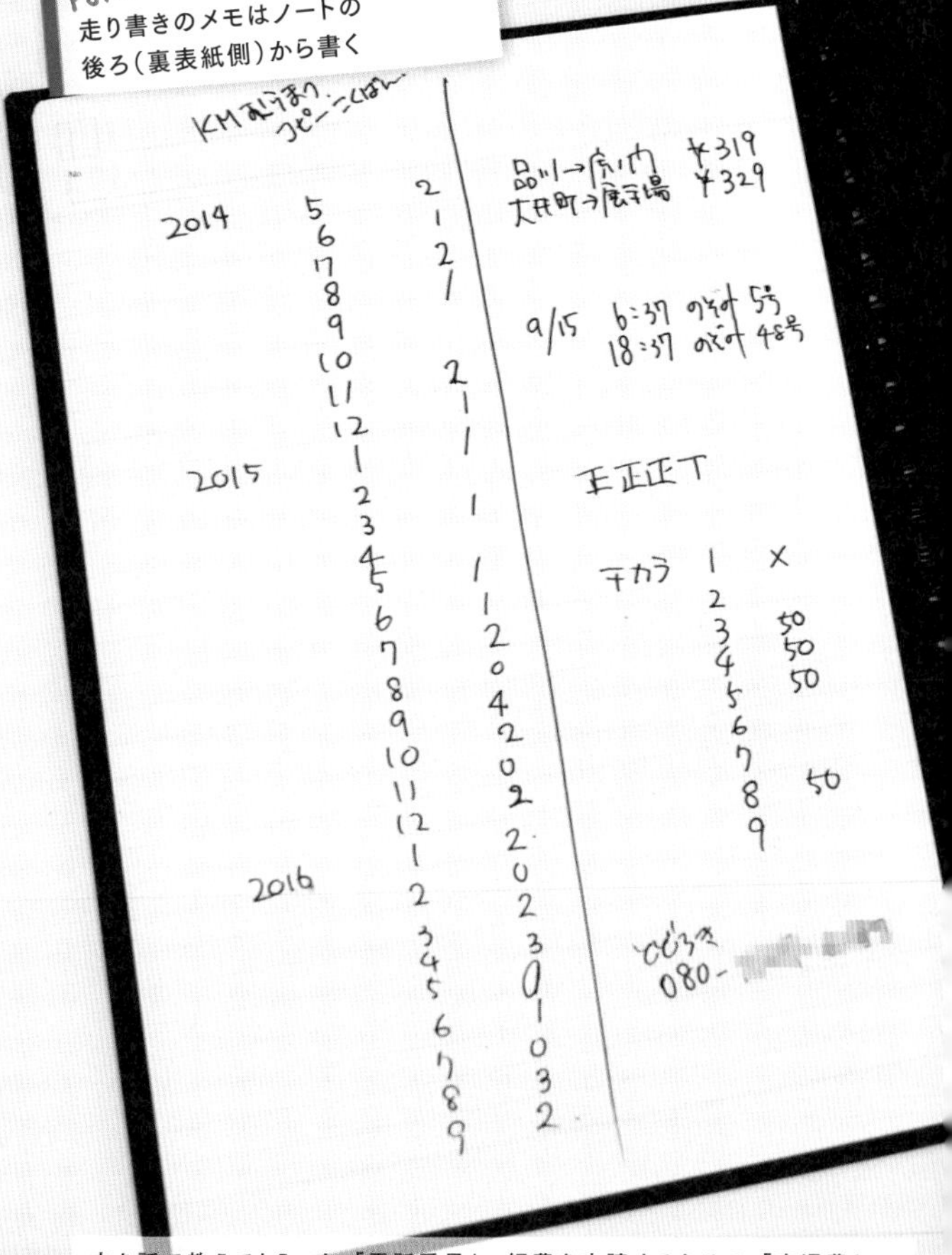

立ち話で教えてもらった「電話番号」、経費を申請するための「交通費」の記録など、一時的にしか使わない情報もノートにメモする

058

表紙には「使用期間」と「部署名」を記入

過去の仕事のメモを活用して、現在の業務を効率化する

チャートやスケジュール、簡単な図面などの図表やイラストを描くことを想定して、ドット入り罫線のノートを使っています。

ノートを選ぶときには、次に購入しようとしたときに同じものが手に入らないとイヤなので、限定品などではなく、定番商品が望ましいです。

ノートの表紙には、所属部署名と使用期間を必ず記載します。この2つを書いておくと、過去の仕事の振り返りができるので、「そういえば、あの案件はどうだったかな？」などと、過去の同様案件での指示や仕様が書かれたページをすぐに発掘できます。

ノートの中の目的のページを見つけやすくするためには、「メモのタイトルと日時を必ず書くこと」「異なる案件は、同じページには書かないこと」といった小さなルールを厳守するのがポイントです。

Point
表紙には、使用期間と
現在の所属部署名を記入する

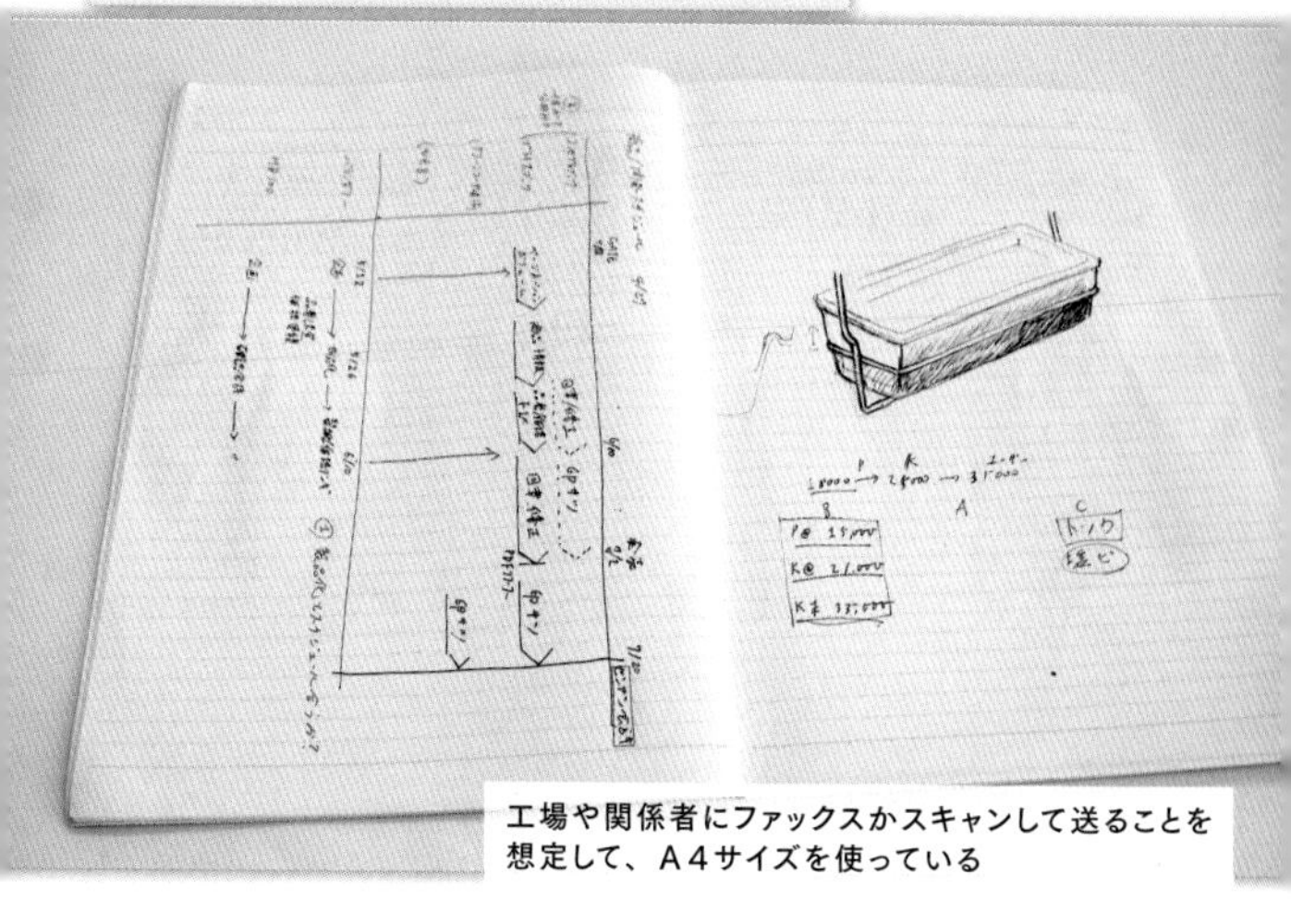

工場や関係者にファックスかスキャンして送ることを
想定して、A4サイズを使っている

059

ポイントは「箇条書き＆イラスト」でまとめる

イラスト化すると、記憶力＆コミュニケーション力がアップ！

セミナー受講時におさえておきたい登壇者のトークポイントは、イラスト入りにしてメモするほうが、インパクトが強くなり、頭にも入ってきます。

また、本を読んだ後や情報を仕入れた後にも、そのとき重要と感じたポイントをイラストでメモしておくと、ノートの中の大量の情報の中にあっても、パッと目につき、埋もれにくくなります。

これまでの仕事の中で、外国人スタッフと打ち合わせをしたり、幼児教育の現場で子どもに理解してもらいたい……というシチュエーションを幾度か経験しました。このようなときにも、言葉や文章だけでなく、簡単なイラストや図、グラフを書きながらコミュニケーションをとったほうが、よりスムーズに理解しあえると感じました。上手じゃなくても構いません。イタズラ書き程度でも十分な効果があります。

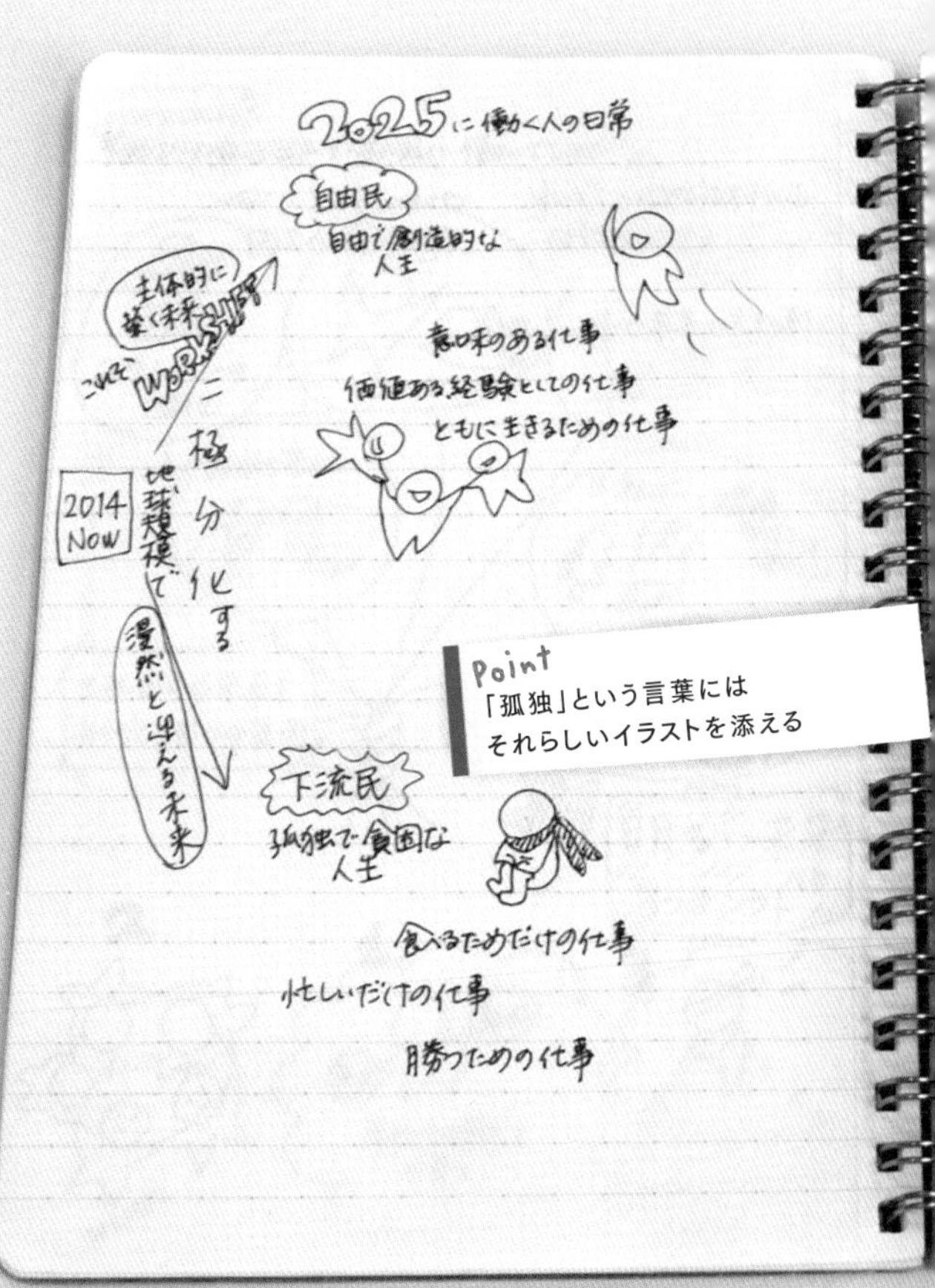

ノートは店で購入せずに、会社にあるノートを使用。
写真は、一般的なＢ５サイズの横罫ノート

060

「映像イメージ」をメモする

ちょっとしたビジュアルがあると、短時間で記憶がよみがえる

ノートはページの真ん中を折って（タテの折り目をつけて）から書き始めます。1ページを2分割して上から下へと書いていくと、余白のスペースができにくくなります。実は、50歳くらいから手元の文字が見えにくくなり、ノートの文字が大きくなりました。そのためノートの消費量が激増していたのですが、この方法にしてからは、以前と同じくらいの減り方に戻りました。

セミナー聴講時にノートをとるときには、短時間で記憶を呼び起こせるように、スライドのビジュアルをメモ的にスケッチしています。スライドの画面の中の構図を見ながら、省略するところと残すところを瞬時に判断して描いていけば、ほんの数秒でスケッチすることも可能です。落書きレベルのメモですが、こうした視覚的なメモがあるかどうかで、後の振り返りで大きな差が出てきます。

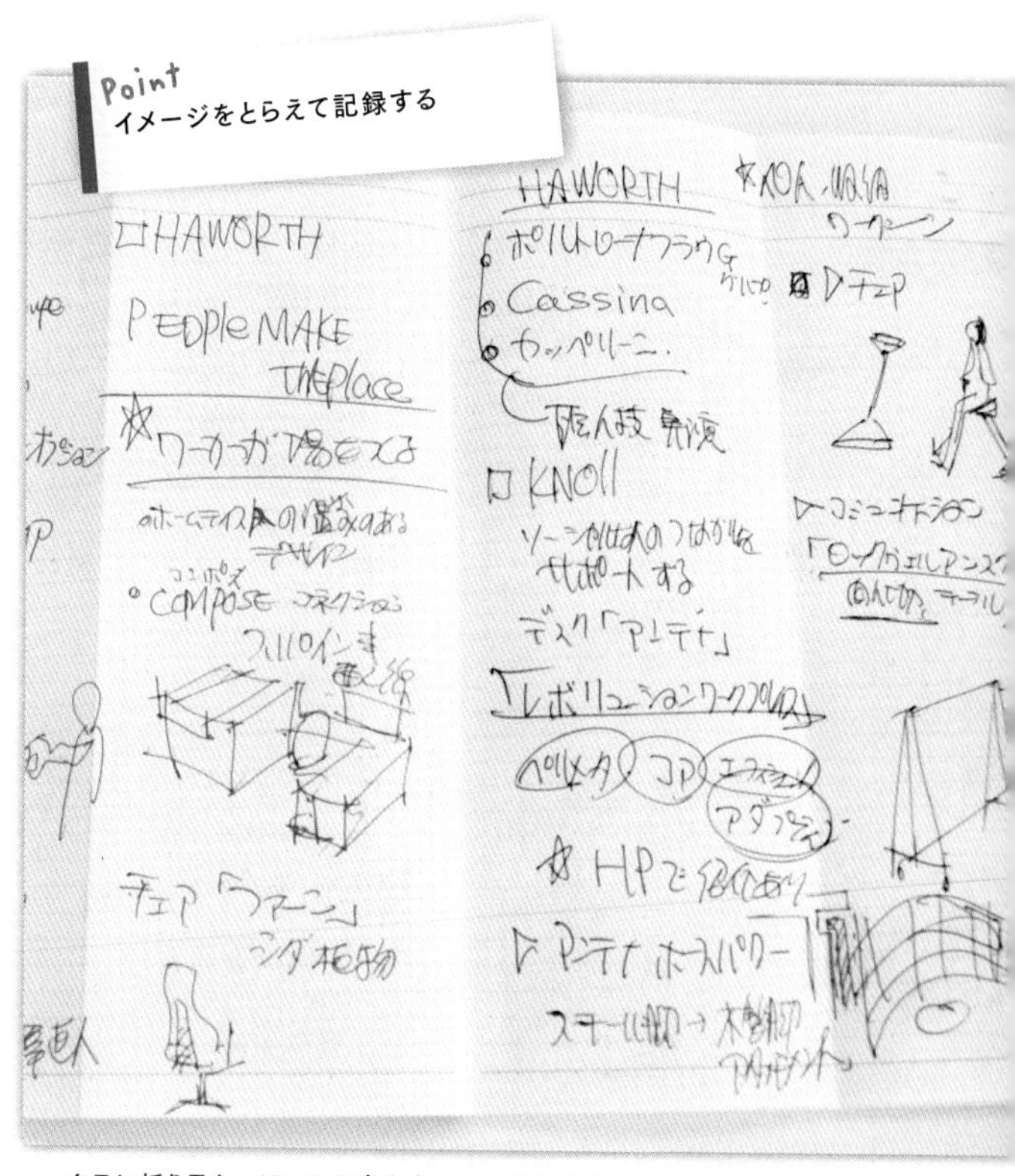

タテに折り目をつけてから書き出すと、見開きで
4列使えるので、たっぷり書ける

061

情報と思考を組み合わせて考える

ノートの中では何でもあり。思考を自由に駆けめぐらせる

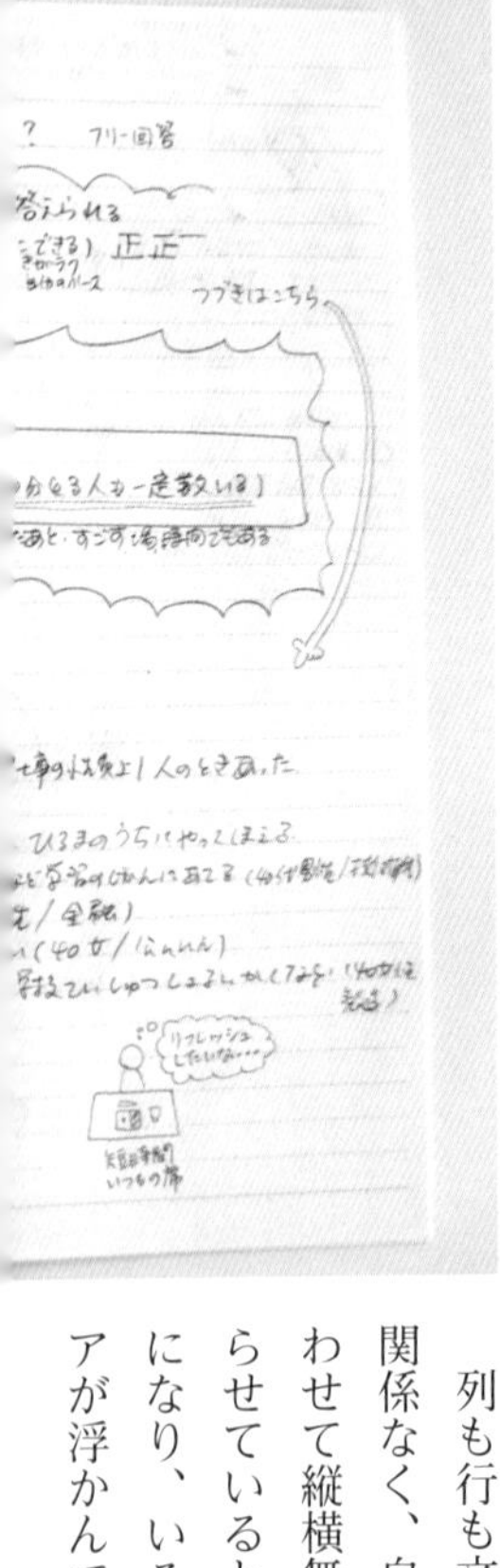

情報と思考を組み合わせてストーリーをつくるような作業をするときには、ノートが必需品です。

統計データや分析資料の結果をノートにメモしつつ、さらに自分の感じたことや疑問を書き込んでいると、ハッとするようなアイデアが湧き出てくることもあります。

列も行も文字の大きさも関係なく、自分の思考に合わせて縦横無尽にペンを走らせていると、思考が自由になり、いろいろなアイデアが浮かんでくるのです。

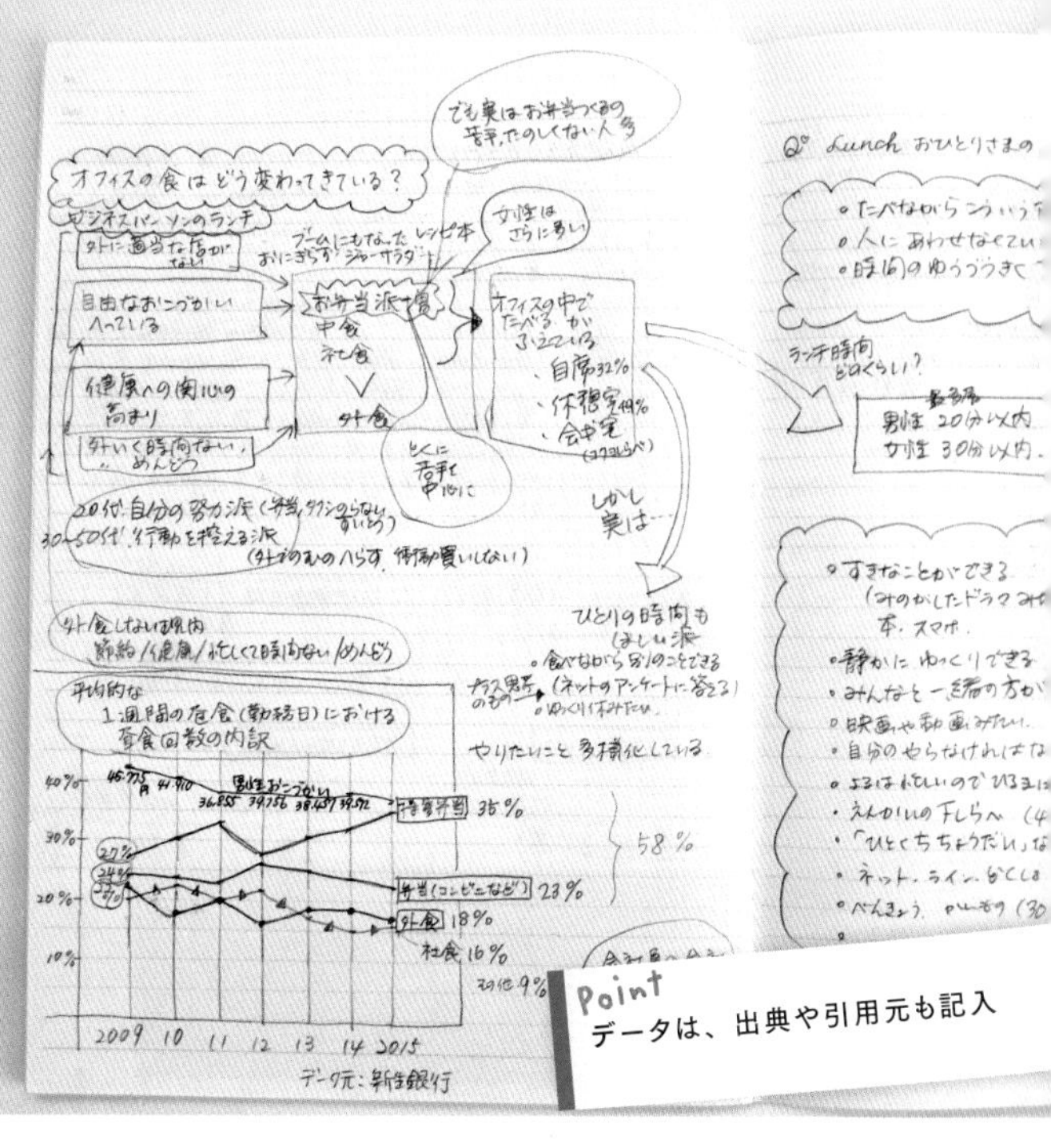

Point
データは、出典や引用元も記入

　筆記具はシャープペンシルを使用します。

　ノートはもちろん、スケジュール帳もシャープペンシルです。シャープペンシルで書いて、色えんぴつで着色するのが私流。理由は、いつでもやりなおせる（＝消せる）から。

「いつでも消せる！」と思っていると、ダメダメなアイデアでも気兼ねなく書けるので、自由な発想が可能です。

062

毎日、新しいページを使う

ノートは成長記録。毎日、まっさらな気持ちで書く

保育園の担任の先生とのやりとりで使用しているのが、A6サイズの横罫ノートです。左ページに家庭からの連絡事項、右ページに先生からの連絡事項が続きます。娘が大きくなったときに読むことも想定して、ちょっとした楽しいイラストをワンポイント的に入れることもあります。

右ページ（先生からの連絡）の後に大きな余白ができたとしても、毎日、新しいページから記入するようにして、1日1見開きを使います。1日のスタートに新しい白いページを開くと気分が良いですし、さかのぼって過去の記録を読みたいと思ったときには、目的の日にちが探しやすいからです。ノートを書くときには、落ち着いた気持ちで心の整理をしながら向き合います。1日を無事に過ごせたことに感謝する気持ちが文字にも込められていくような気がします。

Point
すぐに先生に伝えたいことは枠外の上に「◎」を書いて記入

◎今朝は、肌シャツと半袖で登園です。
お姉ちゃんパンツにもはきかえてくれました。

9月1日(火)
①ごはん、サンマ、マカロニサラダ(普)
②クロワッサン、牛乳(少)&みかん
③21:45〜7:00
④○
⑤ごはんタイムに、よく、「ママ、見てて〜。」と言って、ちゃんと食べられることをアピールしてくれます!!
サンマを食べるところを見せてくれた時は、「すごーい。サンマタッチ!!」と、タッチをするようにしています。

その次は、サラダに入れた玉ねぎを食べて、「玉ねぎタッチ!!」もしました。

楽しく、いろんな物をおいしく食べてほしいなぁと思います。

保育園でのお友達効果は嬉しいです。いい影響を受けて、パクパク食べてほしいです

検温 12:10→37.4℃

保 食事：普
睡眠：12:20〜14:40

お母さんが楽しく声をかけてくれるから嬉しくなってどんどん食べられるようになったんでしょうね〜 ステキ♡
今日は、園の周りをお散歩してきました。トンボを見つけたり、田んぼをのぞき込んでカニをたくさん見つけたり… 涼しい中のんびりと歩いて帰ってきました。

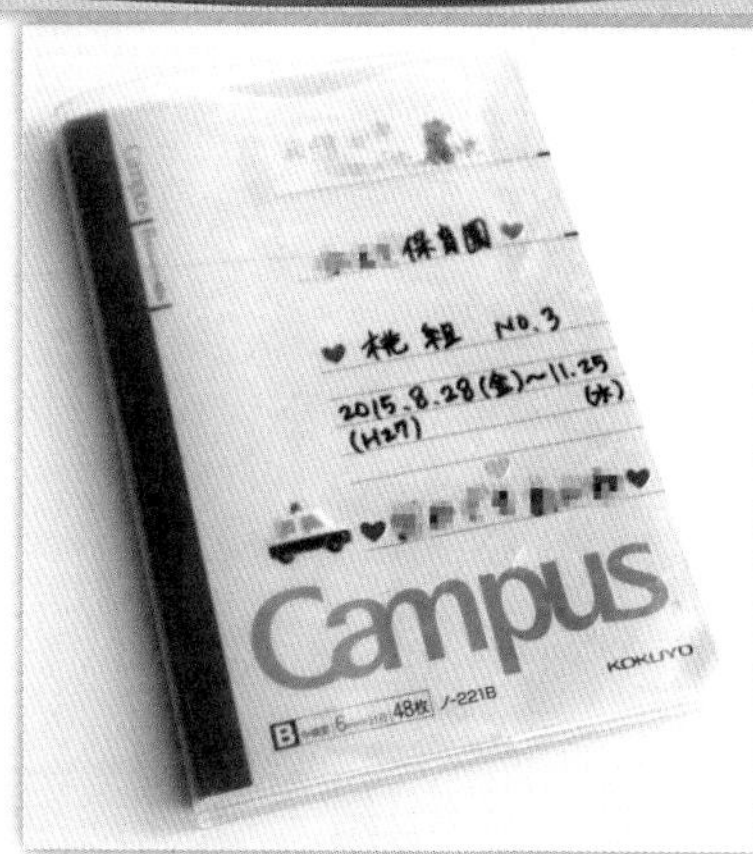

キレイな状態で残しておきたいので、ノートはビニールのカバーに入れてい

063

「振り返り」には黄色マーカーを使う

大事なところを絞り込んでからマークをする

セミナーや研修でとったメモは、「面白いな」と思った内容を抜き出して書きますが、それでも全部は覚え切れません。

なので、後日、時間があるときに振り返りをするのですが、書いたメモに黄色の蛍光マーカーで特に大事だと思った部分だけ、線を引きます。意識しないとたくさん線を引いてしまいますが、「これだけは絶対覚えておきたい」「絶対に身につけたい」と強く思った部分に絞り込むように意識しています。

黄色の蛍光マーカーを使っている理由は、赤ペンのアンダーラインより視認性が高く、また、ほかの色の蛍光マーカーだと色が強すぎるということで黄色に落ち着きました。文字全体に色をつけるので文字が眼に飛び込んできますし、黄色だとコピーをとっても文字がつぶれません。

Point
黄色の蛍光マーカーは裏移りが少な
めで見づらくなりにくい

ファシリテーションテクニック（ブレスト…アイデアを出す）

- ブレーンストーミング 4つのポイント
  - 批判厳禁 ←これが重要
  - 質より量
  - 自由奔放
  - 改善結合

議題確認 → 発散 収束 → まとめ

発散 → アイデアを出しつくす
収束 → 評価してえらぶ
一緒にするから×

- 板書のコツ
  - ・スピーディーに、あまりキレイでなくてよい
  - ・漢字がわからなければカタカナで
  - ・論点とあった部分を書く
  - ・ホワイトボードの面積を意識する
  - ・論点は疑問文で書いておく
    - →脱線しにくくなる
  - ・基本的に全て書く（判断しない）

ブレストと報連相会議は別の
サッカーと野球くらい違う!!
↓
どちらをやっているか ファシリテーター意識…

☆ 人は書かないと忘れてしまう
エビングハウスの忘却曲線
20分 → 42％
1時間 → 56％
忘れる

- 人は常識にとらわれるもの
  - →思考の枠、暗黙のルール
  - 固定概念

✓過去の成功、失敗体験
✓社長の言葉
✓会社のブランド
↓
ブレストのときは忘れて考える!!

・ ・ ・
・ ・ ・
・ ・ ・
← 9点問題

Point
あれもこれも
マークしすぎないのがポイント

064 図やグラフは「ゼロからつくらない」

時間は有限。良いものがあれば、何でも活用する

資料をつくるときには、いろいろなものを活用します。

たとえば、書籍でわかりやすい説明を見つけたら、抜粋してノートに転記。インターネット上に、適当な図やグラフを発見したら、プリントアウトしてノートに切り貼り。

時間は有限ですから、すべてをゼロから手で書こうとは考えないで、時間が短縮できそうなところは、しっかり省力化するのがよいと思います。

ノートは使い分けていて、①考えを書き出すときはA4サイズのメモパッド（たくさんバーッと書けるから）、②会議や打ち合わせのときはA5サイズの方眼ノート（黒表紙がいい感じ。方眼が書きやすい）、③マーケティング等のまとめノートはA5サイズのB罫ノートを使っています。

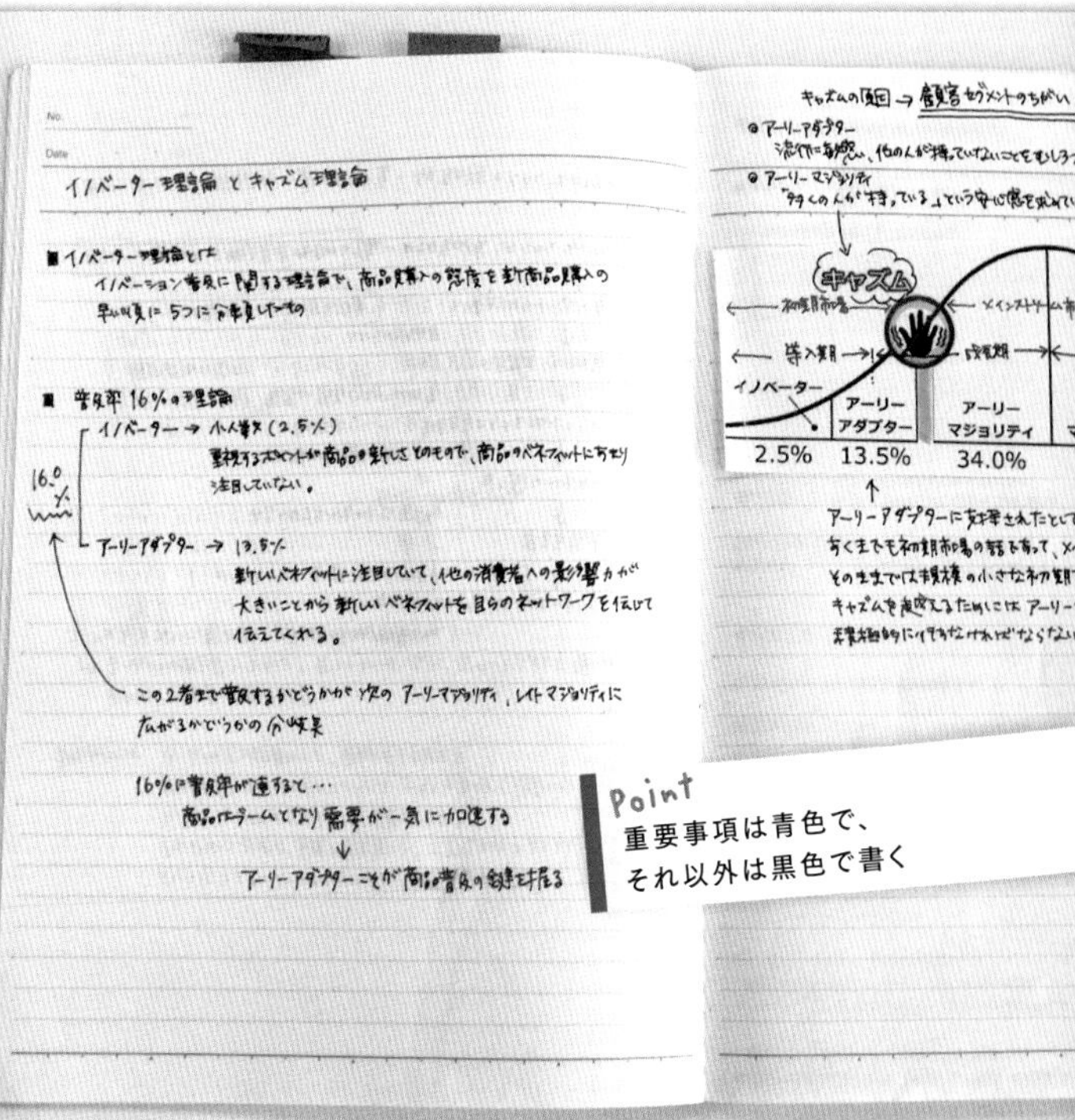

有名なマーケティング理論の図などは、ネット上で、
すぐに探し出せるので印刷して貼る

065

「小見出しの先頭」には記号を書く

階層を意識して、レベルをそろえて書く

小さく細々と書きたいのでB罫の横罫ノートを使っています。

記入する際は、時間があれば色を使い分けますが、たいてい時間がないので、字下げや記号を使って強弱を書き分けることが多いです。

たとえば、小見出しにあたる部分には、「■」「◆」「●」「☆」「✓」「・」などを書きます。同じレベル（深さ）の項目がいくつかあれば、それらは同じ記号を用いて箇条書きで記入していきます。理想は、パソコンのフォルダにファイルがきれいに並んでいるようなイメージで、キレイに階層式に整理しながら書くようにしています。

文章は箇条書きで書くのを心がけ、図形や矢印を使って関係性を示すこともよくあります。パッと見て関係性が見えてくるノートは、後から読み返したときに理解しやすいです。

Point
小見出しには行頭に「■」を書き、
タテのラインをそろえる

■将来のために
✓何かインプットする時間をとる。
ex.) 英語、地域コミュ、趣味とか、アウトプットの種となるモノ
⇒時間は睡眠を極力減らさず、その他の時間を使う

■スケジュールを振り返ってみる。
✓急な仕事が多い
↳もっと前に予知できない？
✓空白な時間がない
↳余裕がないと仕事できないよね…。
↳スマホいじるのは別にいいケド
その時間をマネジメントして、時間を空ける。
✓まわりに振りまわされる。
↳自分で制御できない？
⇩
現状を認識し、理想の時間の使い方に近づける。

■仕事をわけてみる。
✓まずわけてた？
✓そしてそれを判断した？
→ 自分の認識と上司の期待にギャップはないか？
時間がない!!! ⇩ ECRSする
・E：なくす ←— やらない！って決断し、上司に共有
・C：まとめる ←— あれとこれは一緒にやる
・R：順序を変える ←— あとまわし
・S：簡単にする ←— 自分しかできない！はリスクが高い
✓"できない！"って言うコトは会社として重要。
✓"できませんでした"は最悪。

Point
キーになりそうな言葉は、
下線を引くか囲む

066

アイデア出しには、ふせんと写真を使う

3種のノートは用途別。アイデア出しは一番大きなノートで

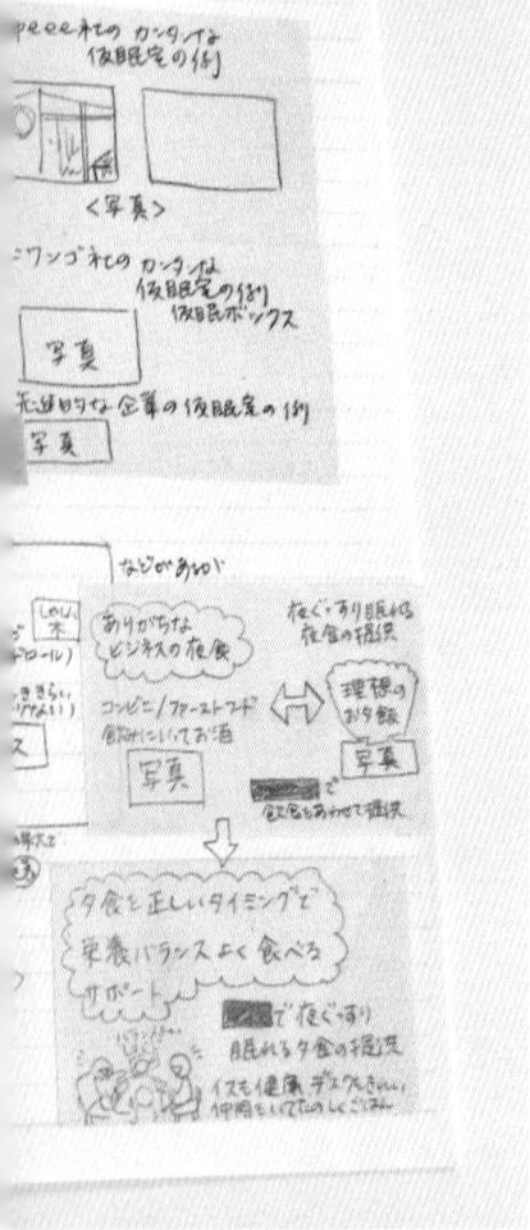

ノートは横罫ノートを使っていますが、用途によってサイズを使い分けています。セミナーや会議などの記録用には「A5サイズ」。携行しやすく、見開きでコピーするとA4サイズになるので、ほかの紙資料と一緒に保管するときもスッキリします。ヒアリング用には「B5サイズ」。見開きでB4サイズになり、紙面が広く使えます。ヒアリング中、話があちらこちらにいってしまうときなどは、文章よりも図を描きながら……ということも多いので、広い紙面のほうが便利です。

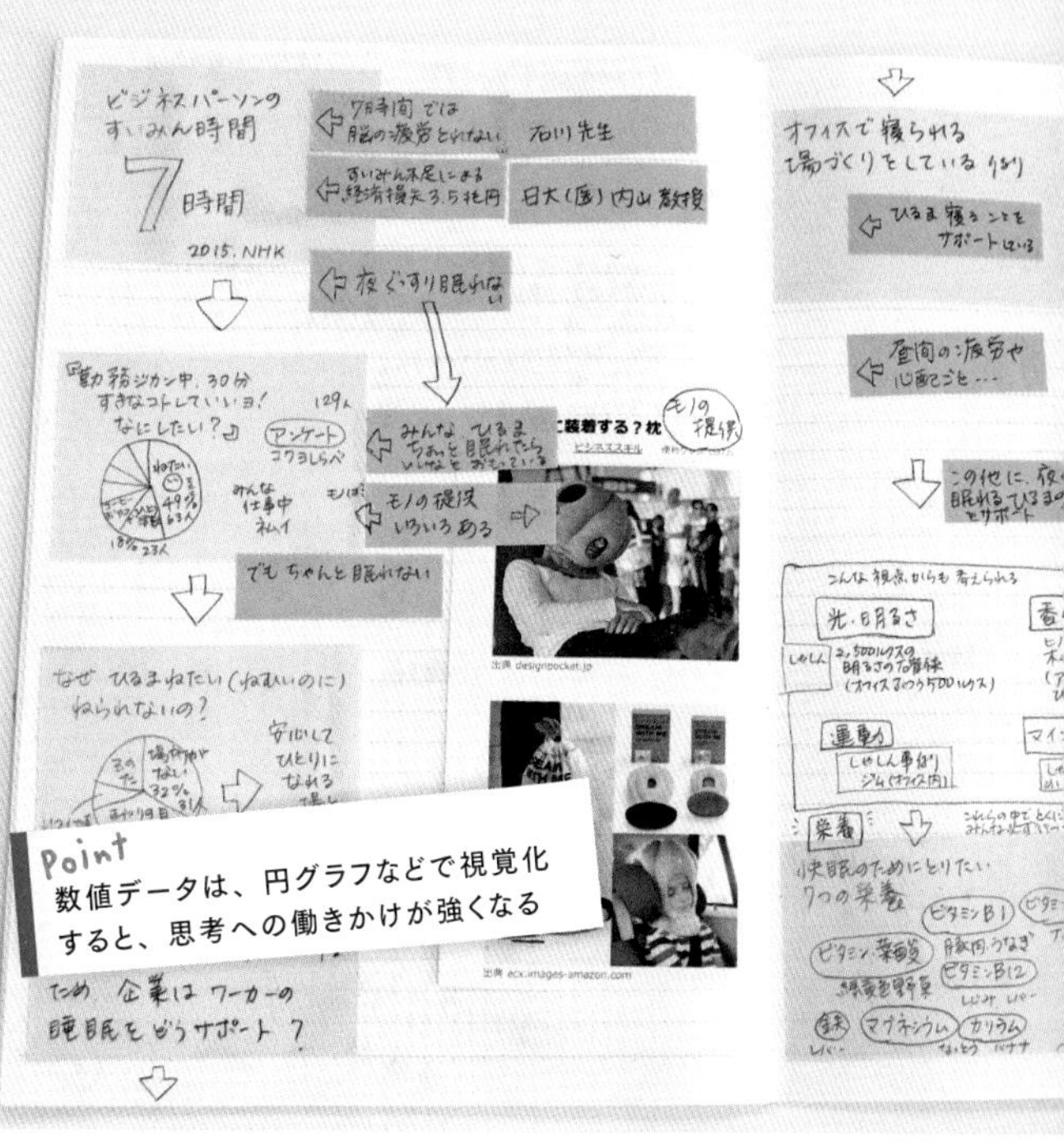

ビジネスパーソンの
すいみん時間
7時間
2015. NHK
7時間では脳の疲労とれない
石川先生
すいみん不足による経済損失3.5兆円
日大(医)内山教授
夜ぐっすり眠れない
「勤務ジカン中、30分すきなコトしていいヨ！なにしたい？」
アンケート コクヨしらべ
みんな、ひるまちょっと眠れたらいいなとおもっている
モノの提供いろいろある
モノの提供
でもちゃんと眠れない
なぜひるまねたい(ねむいのに)ねられないの？
安心してひとりになれる
ため 企業はワーカーの睡眠をどうサポート？
オフィスで寝られる場づくりをしている例
ひるま寝ることをサポートしている
昼間の疲労や心配ごと…
こんな視点からも考えられる
光・明るさ
運動
栄養
快眠のためにとりたい7つの栄養
ビタミンB1
ビタミンB12
マグネシウム
カリウム

出典 designpocket.jp
出典 ecx.images-amazon.com

Point
数値データは、円グラフなどで視覚化すると、思考への働きかけが強くなる

アイデア出し用には「A4サイズ」。見開きでA3サイズになり、ふせんを貼ったり、切り抜きを貼ったり、不揃いな大きさのものをたくさん貼れます。

ふせんを使ってアイデア出しをするときには、ふせんにもイラストや強弱のある文字を記入します。

重要ポイントが目に見えていると、アイデアが生まれやすくなります。

067

ページの左に「記録」、右に「ToDoやチェック」

ページの右側に大事なことが集まっている

議事録やメモをとるときには、横罫（B罫）ノートを使い、開発や研究に関することはA4の方眼ノートをヨコ長にして使っています。

横罫ノートは、ページの真ん中で2つに折って、1ページを2列にして使っています。左側には、そのときのメモを、右側には、ToDoや自分の思ったことを書くことが多いです。そのため、右側に「後から調べること」などの重要事項が集まるので、後

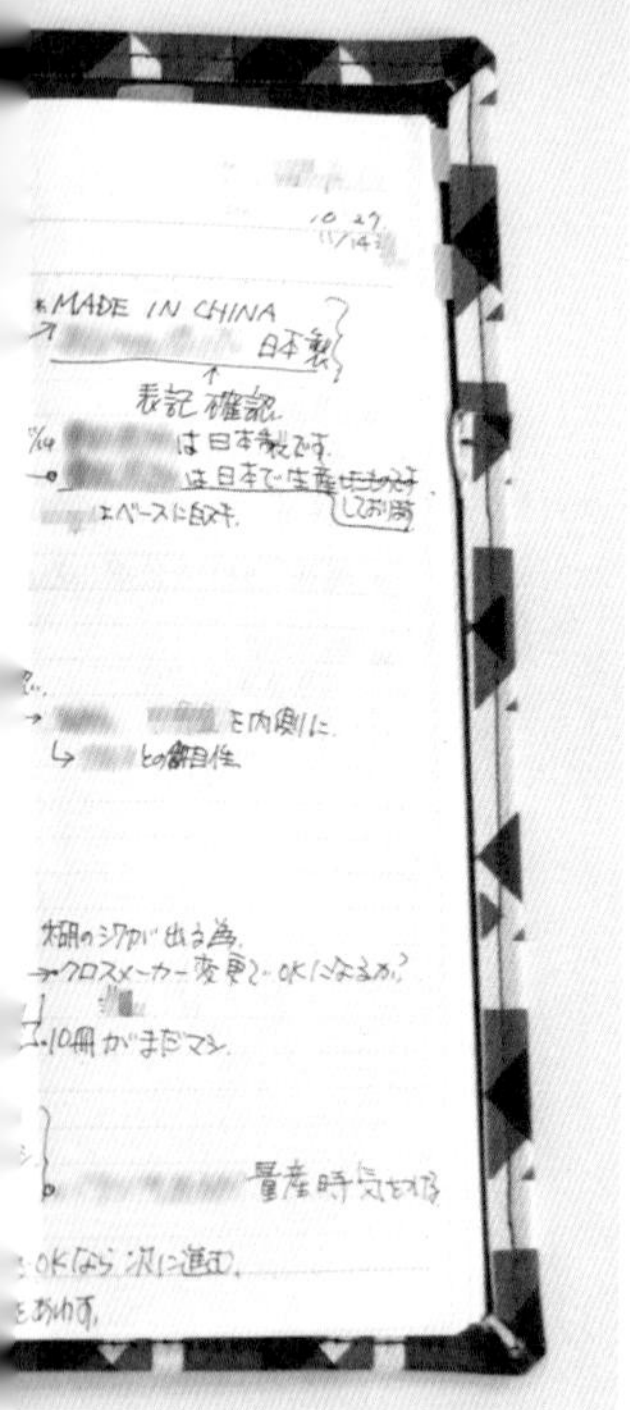

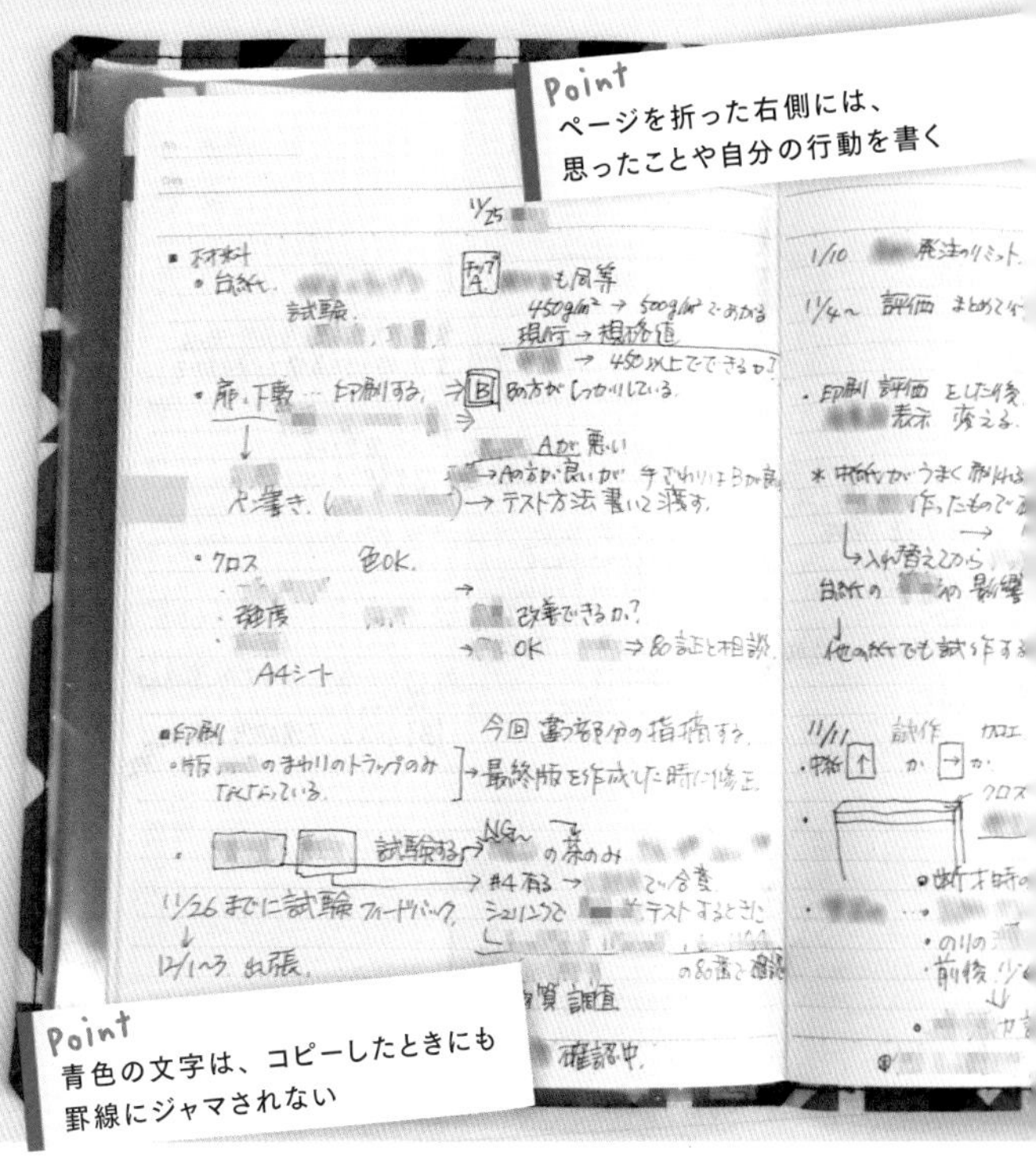

から見直したときに目立つようにしています（後から追記する場合も）。

目立つ度合いに強弱をつけたいので、基本は青色のペンを使用。青色で書かれた文字は、コピーしたときにも見やすいので気に入っています。

ほかにも緑色や紫色、赤色などを使いますが、中でも重要事項や急ぎのものは赤色で記入しています。

068

「マージン罫」を書き、日付とタイトルで検索

青色のマージン罫を引いてから、ノートを使う

ノートは、ページの左側に自分でマージン罫を引いてから使います。マージン罫を引いたら、その左に日付とタイトル（案件名）を記入し、それから右にメモを書き始めます。メモ（1つの案件）を書き終えたときには、ヨコ線（区切り線）を引いて、メモの始めと終わりを明確にします。

マージン罫は、必ず青色で引きます。普段、文字を黒色で書いているので、日付とタイトルを探すときに、青色が目印になって探しやすいからです。

メモをとる際、「自分から連絡や返信が必要な項目」には、マージン罫をまたぐように外に向いた矢印「←」を書き、先方から連絡待ちのものは逆向きの矢印「→」を記入することもあります。こうすることで、「連絡が必要なもの／連絡待ちのもの」がひと目でわかるので便利です。

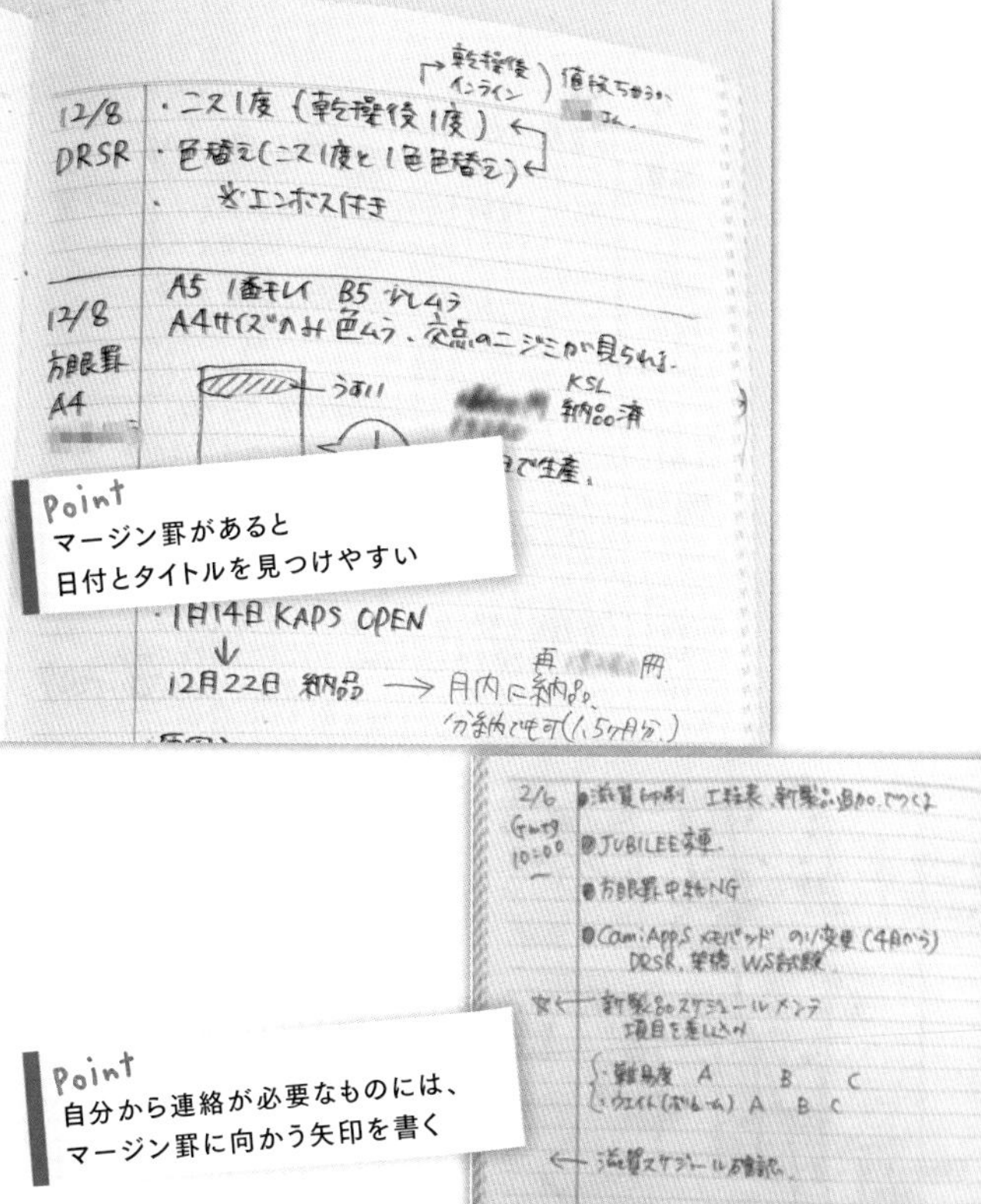

Point
マージン罫があると
日付とタイトルを見つけやすい
Point
自分から連絡が必要なものには、
マージン罫に向かう矢印を書く

文字は大きめに書きたいので、
罫の幅の太いA罫を使っている

069

「マスキングテープ」でノートを拡張する

拡張部分は、読まないときにはキレイに折りたためる

日付とタイトルを端に書くスペースがあるノート「エッジタイトル」は、同じページ内で別の内容を混同なく書き分けられるのが魅力です（以前、ソフトリングノートを解体して、エッジタイトルを印刷して自作したほど気に入っています）。目的のメモをすぐに見つけられるので、案件ごとにノートを分ける必要もありません。

ノートの中を右往左往したくないときには、別紙に記載し、続けたいページにマスキングテープで貼りつけることもあります。

このとき2枚の紙を重ねて貼り合わせてしまうと、ノートを閉じたときにボコッと厚みが出てしまうので注意します。2枚の紙を重ならないように貼ると、読まないときにキレイにパタンと折りたためます。

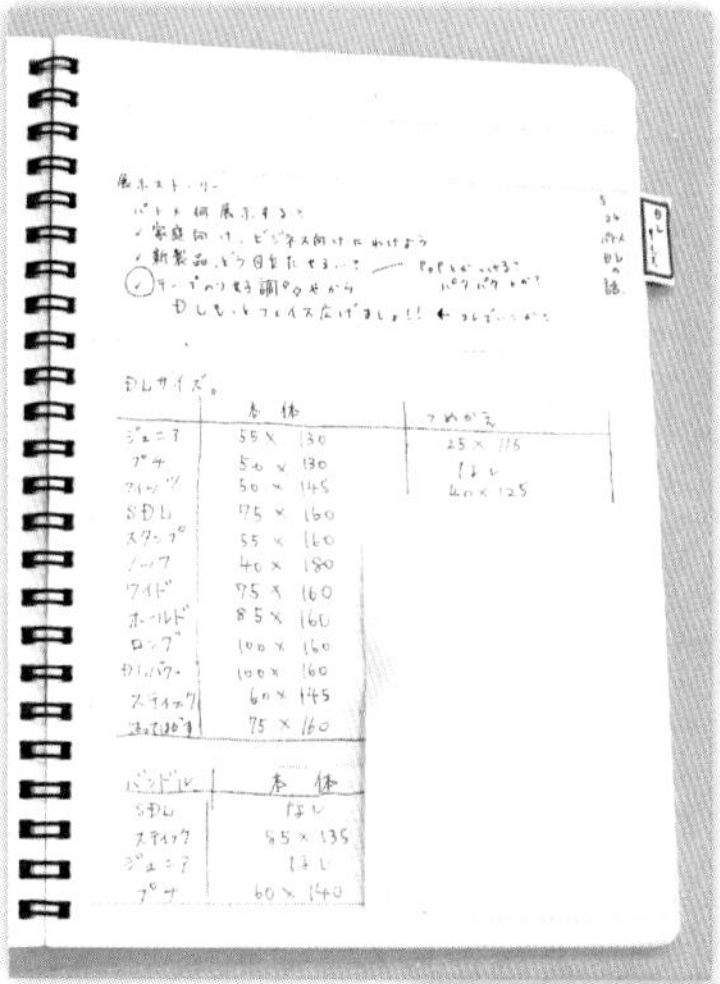

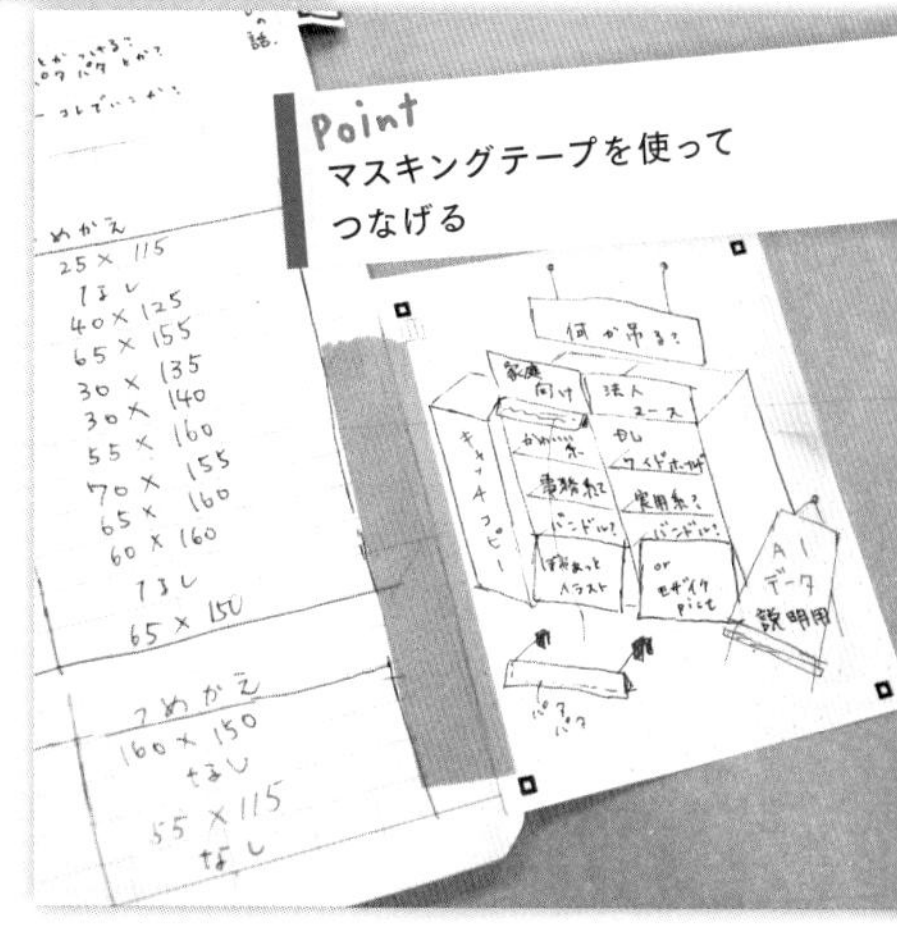

Point
マスキングテープを使って
つなげる

時間があるときには、インデックスをつけるなど、
ノートの整理を常に心がけている

070

関連性のある言葉を同じ方法で囲む

囲む、つなぐ、矢印……などの工夫で、見返したときの理解度アップ

ノートは、ＭＵＪＩの「上質紙滑らかな書き味のノート（Ａ５サイズ・72枚・６ミリ横罫）」を使っています。カバーに入れて手帳とセットで持ち歩くため、手帳とノートは同じ大きさ。表紙が硬く、カバーに入れても四隅が劣化しないのもポイントです。すぐに1冊を使い切ってしまうため、ページ数はある程度多めのノートが好みです。

検索のしやすさを重視して、タイトルと日付は、一番上に書いて目立たせます。

また、メモをとるときには、できるだけ言葉と言葉の関連性がわかるように心がけます。

たとえば、同じ種類の言葉が複数あったときには、同じように丸で囲み、関係を図示します。ほかにも、言葉をつないだり、カテゴリー別に囲むなど……。こうした小さな工夫を加えることで、後から見返したときに内容を理解しやすくなります。

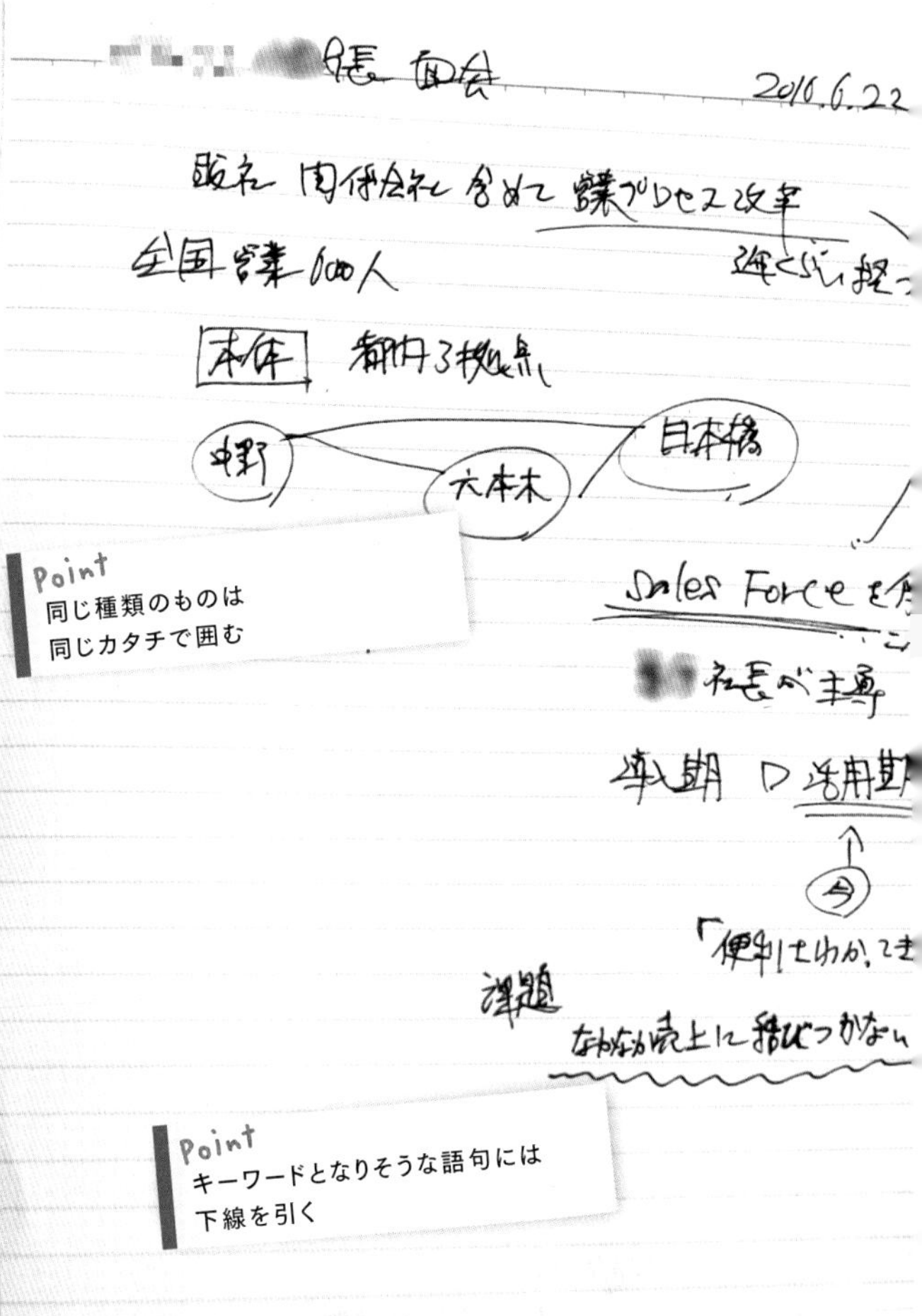

Point
同じ種類のものは
同じカタチで囲む

Point
キーワードとなりそうな語句には
下線を引く

ちょっとした「メモ書き」だとしても、それぞれに関係性を見つけたら、それを示すようにしている

071

さまざまなノートの使い心地を試してみる

自社・他社・国内・海外、あらゆるノートを試してみる

罫線や紙質を含めた書き心地を比較するため、さまざまなノートを試しています。自社製、他社製、国内・海外問わず、特殊罫も含め、いろいろなタイプのノートを実務の中で使っています。ただし、サイズはすべてA5サイズ。A5サイズがないものは断裁してA5にします。A5はコンパクトで持ち運びやすく、ビジネス資料の基本フォーマットであるA4サイズの書類を2つ折りにして一緒に持ち歩くことができるためです。

ノートには、資料やメールなども貼ってしまいます。そして、不必要な出力紙と配布資料は捨ててしまいます。

会議や打ち合わせの前にはノートに貼った資料を読んで予習し、会議中は記録と加筆、まとめる作業（頭を整理する）に集中します。

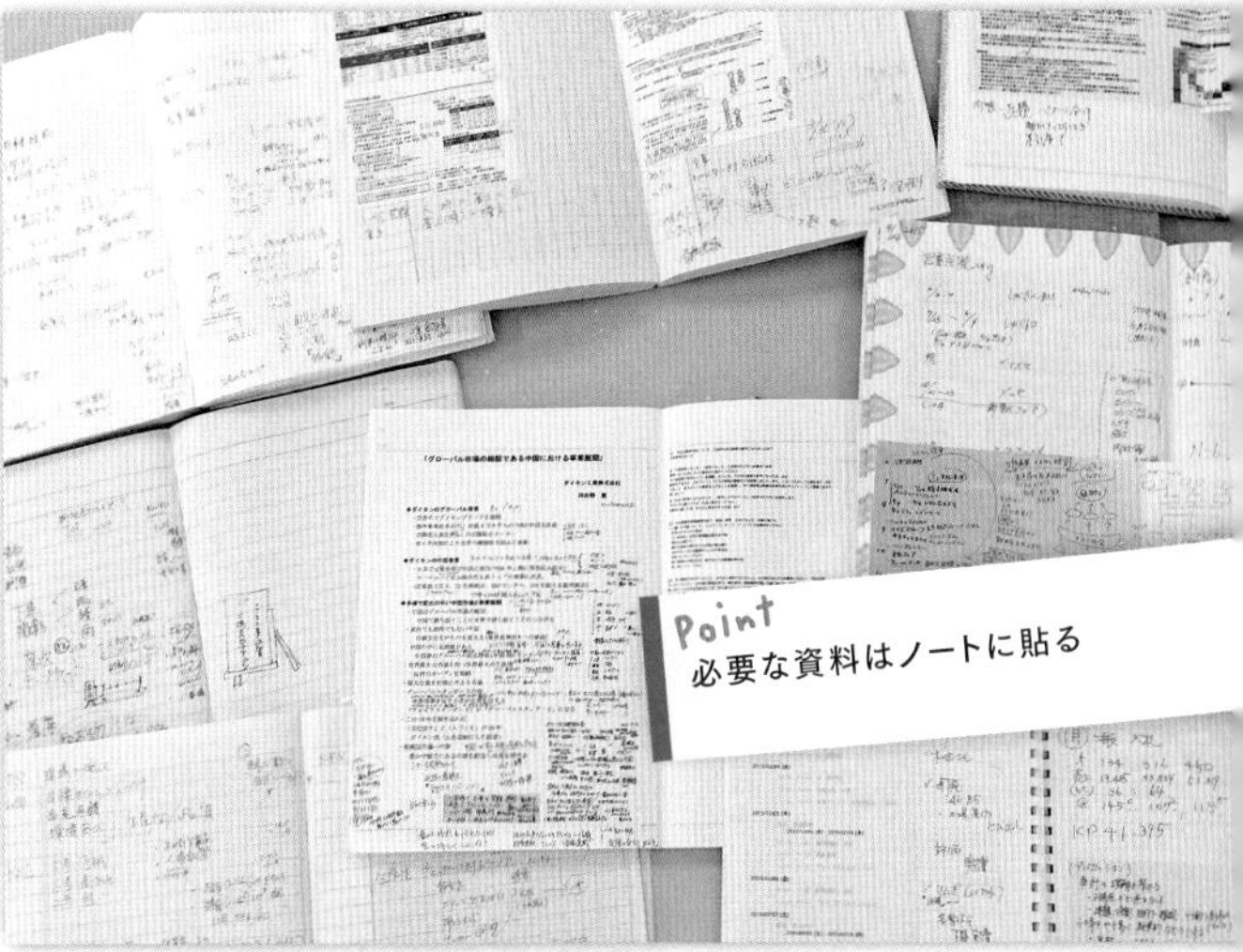

Point
必要な資料はノートに貼る

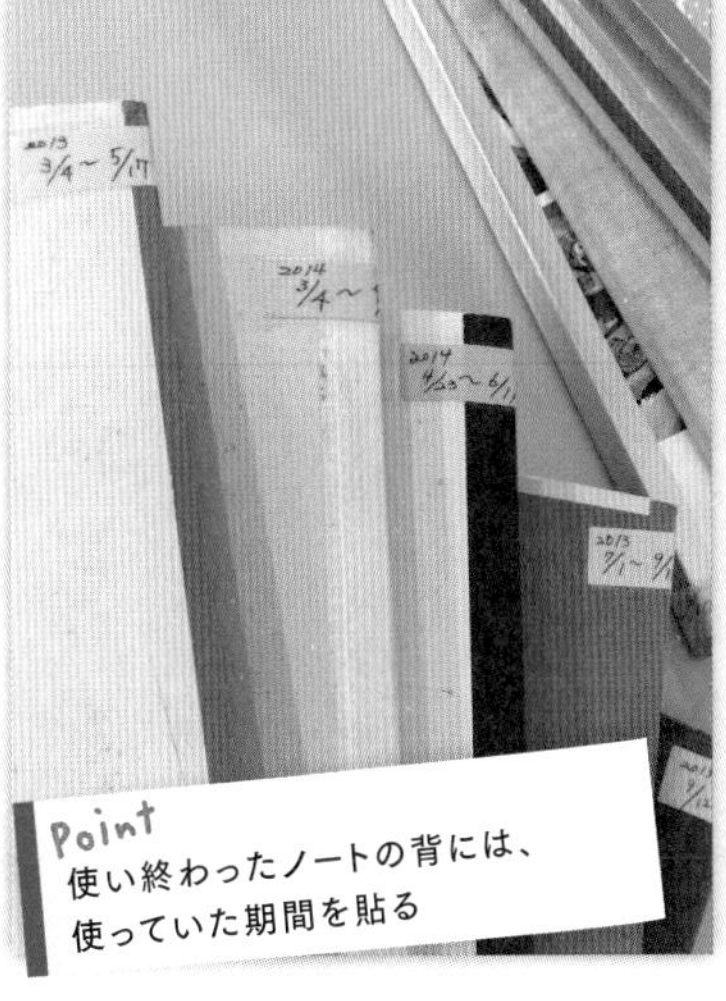

Point
使い終わったノートの背には、
使っていた期間を貼る

072 仕事で「数字」をまとめておく

持ち歩き可能な自分専用のデータ集で、調べる手間を省く

ノートの最後のページに、仕事で知っておいたほうがよい数字や自分が気になった数字をランダムに書き込んでおきます。そして、移動中やちょっとしたスキマ時間に眺めるようにしていると、だんだんと、書いてある数字が頭に入っていきます。

お客様先で信頼される方法の1つが、ビジネスパーソンなら知っておくべき基本的な数字が頭に入っていることだと思います。

たとえば、お客様がオフィスに「喫煙コーナーをつくるかどうか?」で悩んでいるときに、「最近の喫煙率は男性が32%、女性が8%で、男女平均20%くらいで、20年前の約半分になっているらしいですよ」と言ったとしたら、「なるほど。では、喫煙コーナーの広さを半分くらいにしましょう!」と、話が決まることも。このように、ちょっとした数字が意思決定を後押しする場合もあります。

Point
「○兆円」と「○億円」など、
単位の書き間違いに注意する

- 日本の人口 1億2708万人(2014)→9700万人(2050)
- 日本の世帯数 5195万世帯(2010)
- 世帯平均人数 2.46人(2010)
- サラリーマン平均年収 408万円(2012)

- 日本GDP名目 499兆円(2015)
  実質 528兆円(2015)
- 日本の借金 1049兆円(2015)(826万円/人)
- 日本の歳出 95.8兆円
  税収 50.0兆円 借金41.2兆円 その他4.6兆円

- 日本就業者数 6351万人 正規3287万人 非正規1962万人
- 完全失業者数 236万人 (3.6%)

- 日本の平均寿命 男80.79才 女87.05才
  平均年齢 44.9才 (2011)

- 訪日外国人 1973万人(2015)
  出国日本人 1621万人(2015)

- 女性就業率 71.8% (スウェーデン82.8%)

- 女性管理職比率 6.6% (2020年目標30%)
  役員 〃 1.4%

- 合計特殊出生率 1.46 (2015)(スウェーデン1.91)
  出生数 100万人
  死亡数 129万人

- 人口構成 ...

Point
データの調査年度も書き添える

〜19才 2244万人(18%)

- 世界人口 73億人(2015)
  ①中国13億人 ②インド12億人 ③米国3.2億
  ④インドネシア2.5億人 ⑤ブラジル2億人 ⑥パキスタン1.8億
  ⑦ナイジェリア1.7億人 ⑧バングラデシュ1.6億人 ⑨ロシア1.4
  ⑩日本1.2億人 ⑯ドイツ8000万人 ㉖韓国5000万人

- 世界のGDP 約70兆円(2012)
  GDP(名目)2013
  ①米国16.7兆ドル ②中国8.9兆ドル
  ③日本5.7兆ドル ④ドイツ3.6兆ドル

- 1人当GDP
  ①ルクセンブルグ110,423ドル ②ノルウェー100,318ドル
  ③カタール100,260ドル ④スイス81,323ドル
  ⑨米国 53,101ドル ⑱ドイツ44,999ドル
  ㉔日本 38,491ドル

- 日本の年間労働時間 1735時間(含非正
- 労働力調査より推計
  正社員 男2340時間 女1768時間

- 待機児童数 2万3000人(2015)

- 喫煙率 19.3% 男32.2% 女8.2%

- 経済成長率
  ・中国6.9% 米国2.4%
  ・日本0.47% ドイツ1.4%

	1980		2014
共働き世帯	614万	→	1077万
専業主婦世帯	1114万	→	720万

定期的に調査年度を更新し、データが
古くなりすぎないように気をつける

073

「伝えたいこと」は図で構造化する

図式化して伝えると相手が納得↓合意に至りやすい

複数のメンバーに伝えたいことがあるときは、考えや問題点を図式に落とし込み、構造化して整理するようにしています。図式を用いると、個々のオブジェクトの関連性が際立ち、整理しながら考えられます。

チームなど、複数のメンバーで何かを決めるときなどには、話し合いで空中戦になりがちです。

しかし、図式化しながら説明すると、相手が理解を示してくれる確率が高まり、結果、合意を得やすいといったメリットがあります。

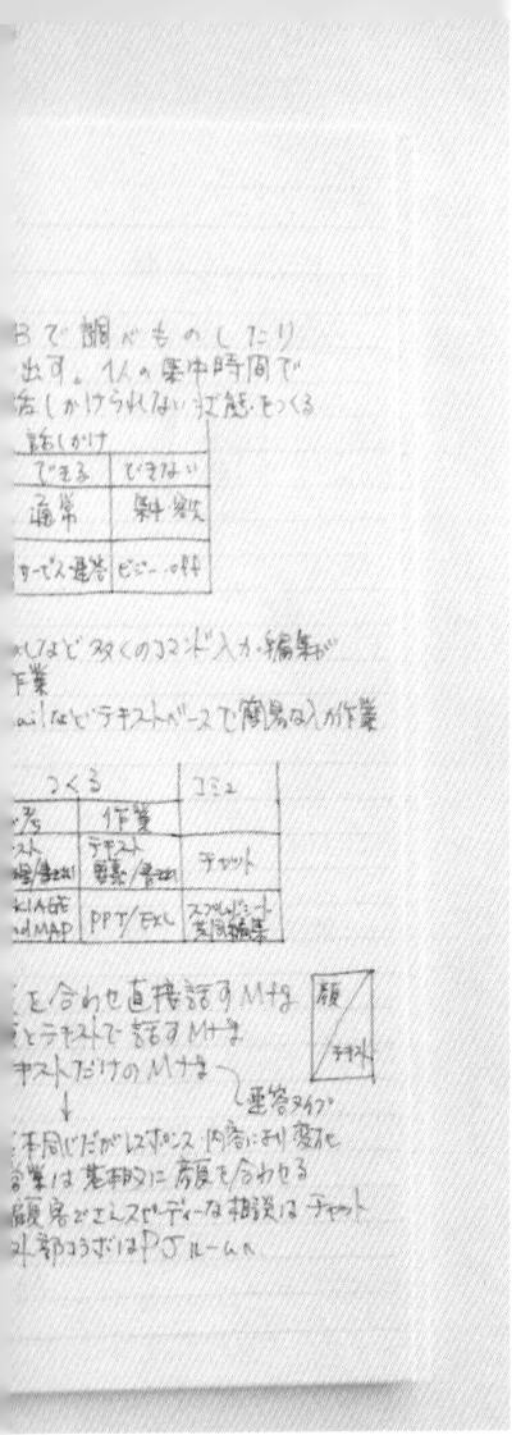

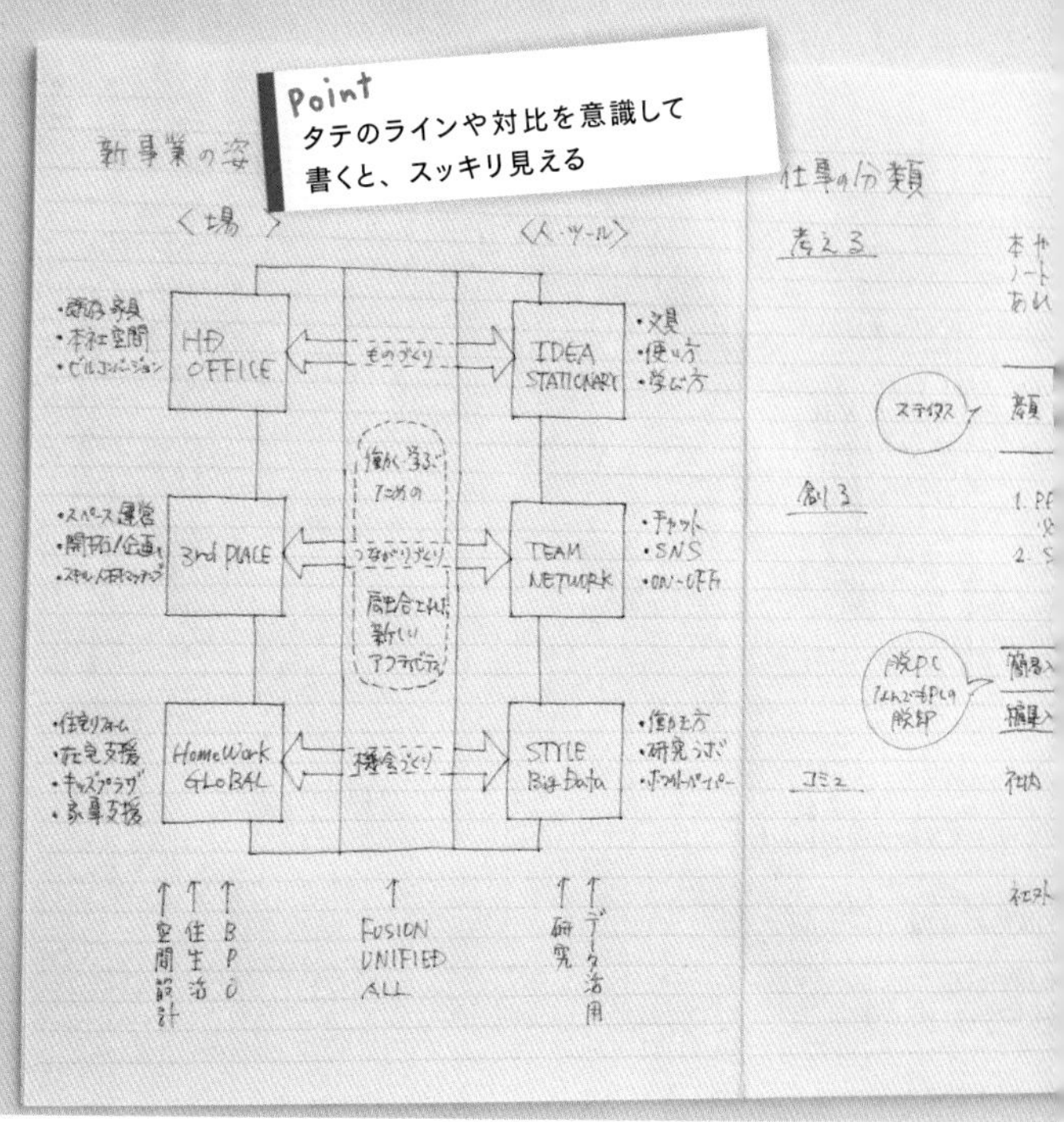

ときにはノートではなく、大きめのふせん（127ミリ×75ミリ）に図式を書いて指示を出すこともあります。

説明しながら記入し、そのまま渡すことが多いのですが、考えの流れが図式で記録されているので、細かいところまで伝わります。ふせんやメモを渡す前には写真を撮って控えを残し、クラウド上に保存します。

074

「ネタ専用ノート」に写真や情報をストック

雑談力を養成するために、毎日1つ書きためる

いわゆる「雑談」に対して、苦手意識があります。

そのため、「毎日1つ」以上と決めて、新聞やネットで見つけて「面白い」と感じた情報を専用の「ネタノート」に書きためています。

雑談で使う程度なので、ざっくりと内容を覚えておけばいいや、という気楽な気持ちで続けています。

「毎日1つ」のノルマを課して書き続けているものの、実際に披露したネタは、その10分の1程度でしょうか……。

けれども、お客様を訪問する前や空き時間の喫茶店で、ノートをボーッと眺めているだけで、なんとなく落ち着けます。特に新規のお客様のところに行くような場合には、かなりの安心材料となります。

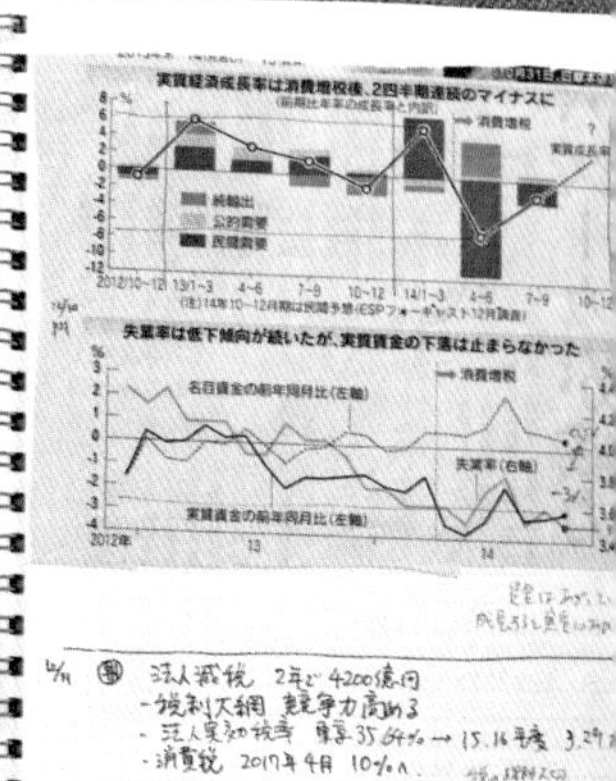

Point
話のポイントになる数字は
黄色でマーク

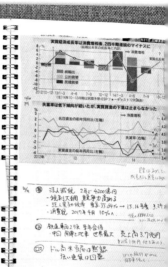

ネタ専用ノート「NEWS メモ」は、
A5サイズの横罫ノート

075 スケジュールは「テキスト打ちを貼る」

テキストを出力した紙は、目立つので探しやすい

よく確認する生産スケジュールなどは、メールで関係者に発信する（あるいは共有する）ことが多いので、その文面のコピーをノートやスケジュール帳に貼り付けておき、認識違いが起こらないように気をつけています。

テキスト打ちした出力紙は、ノートの中では目立つので、手書きしたものよりも見つけやすくなります。

現在、ノートは用途別に使い分けています。①通常スパンで開発が進む新製品、打ち合わせ記録、定例ミーティング用、②紙の研究開発用（長期で進める商品開発）、③品質改良用（工場での試作記録など）、④イラストや、いったん図表で把握したい内容のラフ書き用（無地ノート）、⑤持ち歩き用（Ａ６サイズで、工場立会いや出張用）の５種類になりますが、混同することなく、上手に使い分けができています。

◆[blurred]ペーパーを使ったパックノート

B5サイズノ-GG3仕様
ただし中身はドット罫
表紙原紙銘柄違い
5冊パックノート
A罫B罫の2種

校了:12月中
規格書:1/9迄
原紙入荷:2/3
製本:2/3～3/3頃
包装:2/6～3/6頃
納品完了:3月上旬
生産見込み:各[blurred]～[blurred]パック

生産[blurred]も低い為、
製本に[blurred]。
2月末迄に8割ほどは納品出来ると思いますが、
残りの2割は3月上旬になります。

◆40thノートケーキキャンパス
A5サイズ40枚
中身罫特殊飾り縁あり
校了時期:12/20ぐらいまで
ダム納品:2月3日頃
発売:2月14日

生産見込み:[blurred]パック

以上、急で申し訳ありませんが、よろしくお願いします。

Point
必要な部分をそのまま貼る

込み入った内容は、メール本文を貼れば、
書き写すときの間違いがない

076 「Googleカレンダー」と連動させる

Googleカレンダーを貼りつけて、ノートの内容とリンクさせる

使うノートは、いつも1冊のみ。使い分けはせずに、パソコンや手帳のスケジュールに連動した形で、常時1冊のみを使用します。

ノートにメモを書くときは、後で振り返りやすいように、1ページごとにタイトルと日付を記入します。

ノートを1冊使い終わったときには、表紙と背に使用期間を書くことに加えて、ノートの最初のページに自分のスケジュールが入ったGoogleカレンダーのコピーを貼り付けます（そのノートの使用期間に対応するカレンダー）。こうしておくと、スケジュールとノートの内容がリンクするため、後から見返したときにとても便利です。

ノート使用中も、週の初めには、Googleカレンダー（週間）を貼り付けて、これから始まる1週間のスケジュールを確認します。

Point
プリントアウトした
Googleカレンダーを貼る
TOSHIBA

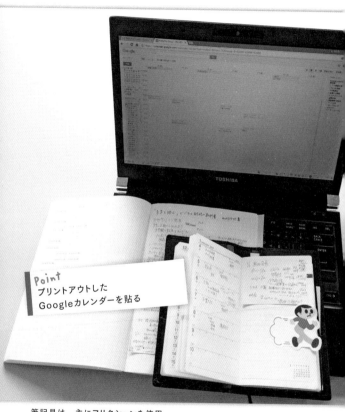

筆記具は、主にフリクションを使用。
黒ボールペンやシャープペンシルよりも、
ブルーとピンクのフリクションが好き

077

1ページ目には「目標やビジョン」を明記

目標が1つクリアできたら、次の目標を1つ貼る

年初に今年の目標を立てたり、会社の研修を受けたり本を読んだりしたときに「これは今後、意識しておくべきだ!」と決意することがあっても、しばらくすると忘れてしまいます。

そうしないために、ノートのトップページに、そのときに意識すべき自分のビジョンや行動指針、目標とすべき数字などをふせんに書いて貼っています。

1つのふせんに言葉は1つだけ。そのふせんに書いてあることが自分として当たり前にできるようになったと感じたら、次のふせん(次の目標)と入れ替えます。ふせんは移動ができるので、ノートが替わっても問題ありません。

あまりに難しい目標ばかりだと、やる気が失せてしまう可能性があるので、ちょっとがんばれば実現可能なようなものも貼っておくとモチベーション維持に役立ちます。

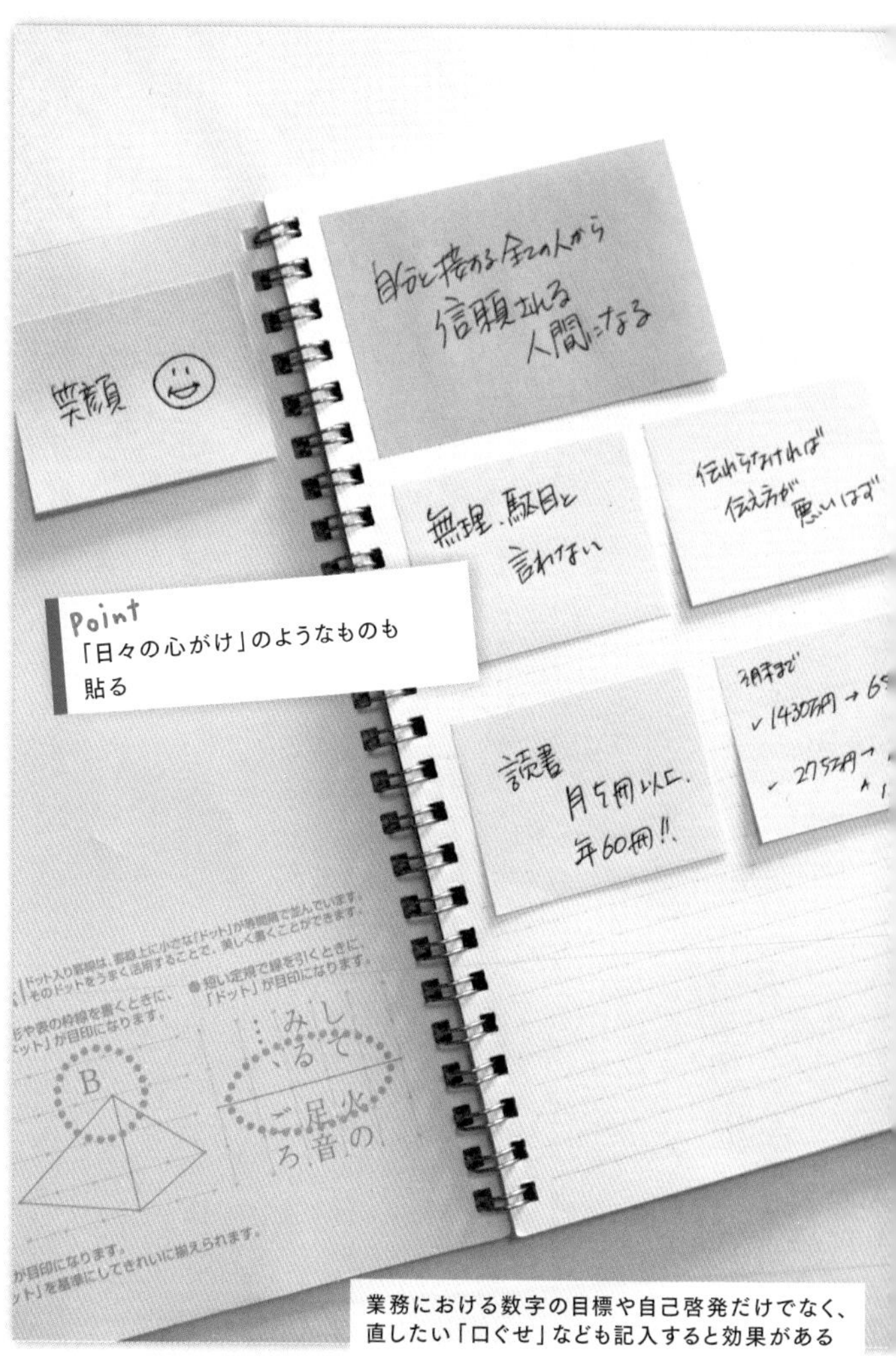

自分と接する全ての人から
信頼される
人間になる
笑顔
無理、駄目と
言わない
伝わらなければ
伝え方が悪いはず
読書
月5冊以上
年60冊!!
Point
「日々の心がけ」のようなものも
貼る

業務における数字の目標や自己啓発だけでなく、
直したい「口ぐせ」なども記入すると効果がある

078

ノートの端に、見つけやすいタイトルをつける

日付&タイトルに加えて、色の仕分けも効果的

①横罫（B罫）、②ドット入り罫線（B罫）、③方眼の3種類のノートを使っています。サイズはすべてA5サイズ。罫は、間隔が狭いB罫が好きです。

ダイアリーもノートと同じA5サイズを使っているので、コクヨのノートカバー「SYSTEMIC」にダイアリーとノートをセットして使っています。

ノートには複数の案件の打ち合わせ記録を書き連ねていますが、見返すときに探しやすいよう、必ず日付とタイトルを記入しています。

メインで使っているノートは「エッジタイトル」。「見たい記録をすぐに探すためのノート」というキャッチフレーズの製品ですが、ページの端にある日付&タイトルが書き込める欄を使いこなすと、本当に目的のページが探しやすく、手放せません。案件ごとに色分けもしていますが、それほど手間には感じません。

Point
日付とタイトルだけではなく
蛍光ペンで色分けも

Ａ５サイズのノートは持ち運びに便利。打ち合わせや議事録をとるときには横罫ノートを使っている

079 デジタルとアナログを使い分ける

横罫ノートと方眼ノートの特性を生かして使う

仕事で使うノートは2種類を使い分けています。①横罫ノート（B罫・A5サイズ）は、会議の議事録などの事務的な記録に使い、②方眼ノート（5ミリ方眼・B5サイズ）は、アイデアの表現やネタをメモするのに使います。

「デジタル的な情報とアナログ的な情報を分けて整理したい」と考えて2冊を使い分けることにしたのですが、実際、①横罫ノートは日付や案件で後から検索しやすいだけでなく、要件を箇条書きでまとめやすく、②方眼ノートは文章で表現しづらいアイデアを図やチャートで自由に表現しやすく、満足しています。

ノートの書き方にも違いがあります。①は「とにかく丁寧な字で書く」。汚い字だと後で読み返したくなくなるからです。②はフリーハンドで、多少、雑になってもよいので、とにかく自分の思いをビジュアルで表現することを心がけます。

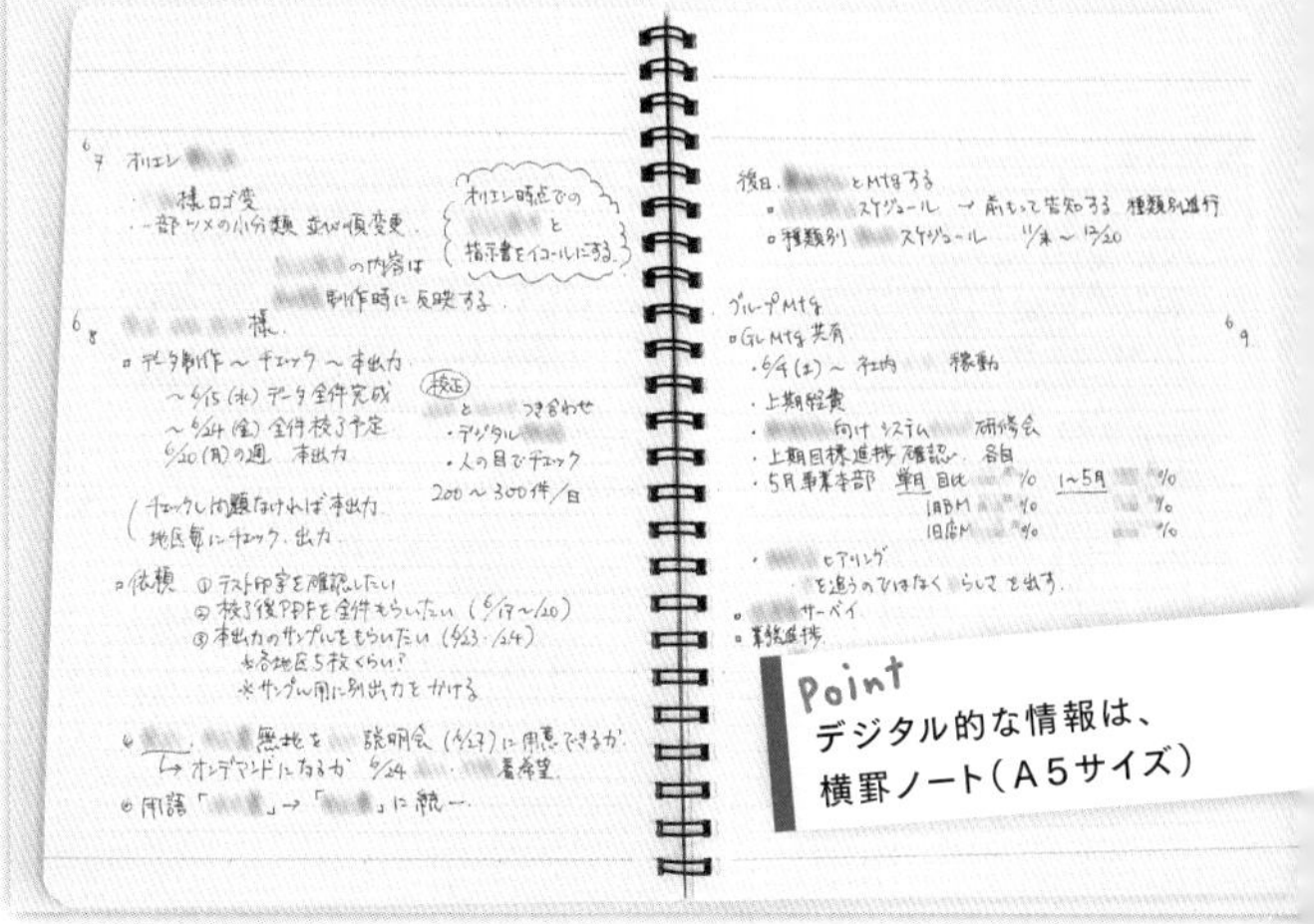

Point
デジタル的な情報は、
横罫ノート（A5サイズ）

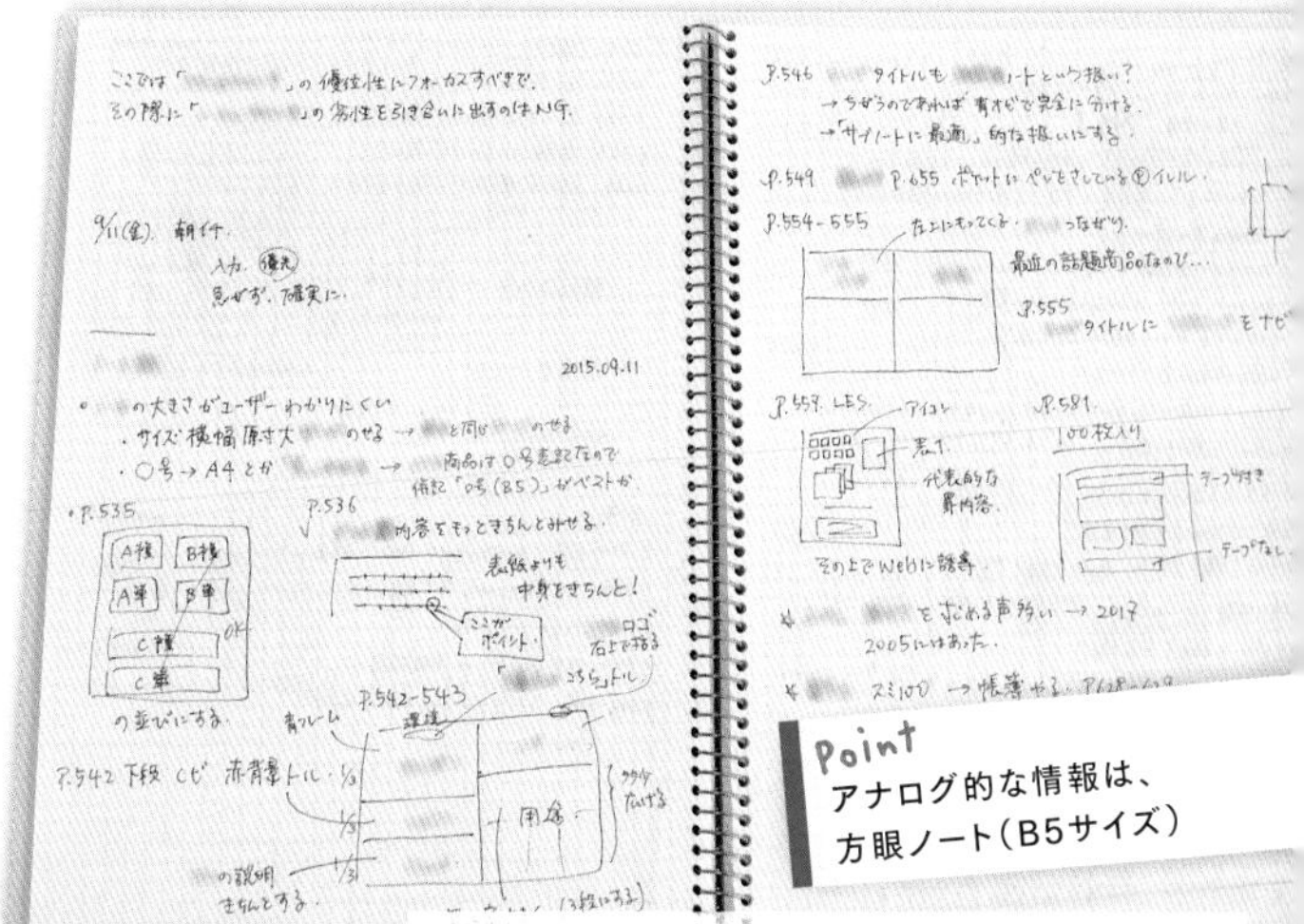

Point
アナログ的な情報は、
方眼ノート（B5サイズ）

両ノートとも、誤字をそのまま放置しておきたくないので、
ペンはインクを消せるペンを使用している

080 企業名と個人名は「略語」でスピードアップ

企業名も個人名も、アルファベット1文字で表記する

ノートに打ち合わせのメモをとるときは、企業名と個人名はアルファベットの初めの1文字と決めて、「F社」「Tさん」などと書くようにして、筆記のスピードアップをめざしています。

実行する前は、「1文字だけだと、わからなくなるかな……」と少し心配していましたが、実際に自分も参加していた打ち合わせの内容ですから、1文字あれば十分で、まったく問題ありませんでした。

たとえば、「山田さん」「山下さん」のように同じ頭文字「Y」の人がいる場合は、「Yd」「Ys」などと2文字にすることもあります。

これまでにノートをなくしたり、置き忘れたりしたことはありませんが、固有名詞を書かないことで、セキュリティー面でも安心できます。

7 12

Point
右上には、参加者の名前を
アルファベット1文字で書く

・Tさん・Uさん
・Yさ Kさ Sさ

①さん 提案について
設計 ー設計、販売と同様の課題
Mgr. ー育てるのが大変
ーHMの設計より質を求める
ープロモーションのプロがいない
ー案件をやる時間をもっと取りたい
→人が育つ環境とは？

①さん 販売について
ー競合M社との差別化にこだわりたい
ーソリューション力と言っているが…？
ー見積工数が多すぎる
ー女性は多いが、課題は残業コントロール
ー次世代リーダー育成大切

①さん ・K社、U社を事前に参考にしてほしい
→コミュニケーションのやりかた
フリーアドレスを取り入れるべきか？
↓
S社様の文化になじむのか…

M社との

営業支援
↓
販売

エリア

＊グループ会社は対象外
CTのみ 別にヒアリングする
人数が多いので

・情報システムの案件も確認→7月中希望

競合他社との比較など、何度も社名が出てくるようなときは、
筆記のスピード化を実感できる

この章で使えるノート

あると便利なアイテム

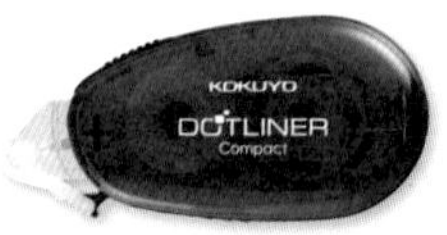

Part 3
無地ノート
「結果を出す」メソッド20

- 図や文字を自由に組み合わせて考える
- 発想力を高めて、パフォーマンスを上げる
- 書くことがアウトプットに直結する！

081 イラストで記憶を補完する

自作イラストは、記憶をよみがえらせてくれる

図や絵を描いたり、文字を斜めに書いたりしたいので、ノートは無地を選びます。ノートに描いた絵をスキャンしてそのまま資料に使うこともあり、罫が写り込まない無地に満足しています。

議事録やセミナーのメモ、ホワイトボードの転記、思考作業なども、すべて1冊の無地ノートにまとめて書きます。

書くときのルールは、「左上に日付とタイトル」「ページ途中でトピックが変わったら横線を引く」の2点だけで、あとは時系列で上から下へと書いていくのみ。ときどき関連するものを近くに書いたり、線や点線でつないだりします。

セミナー受講時のメモには、できるだけイラストも描きます。イラストを「描く」「見る」という作業を行うことで、講義の内容が記憶に残りやすいような気がします。

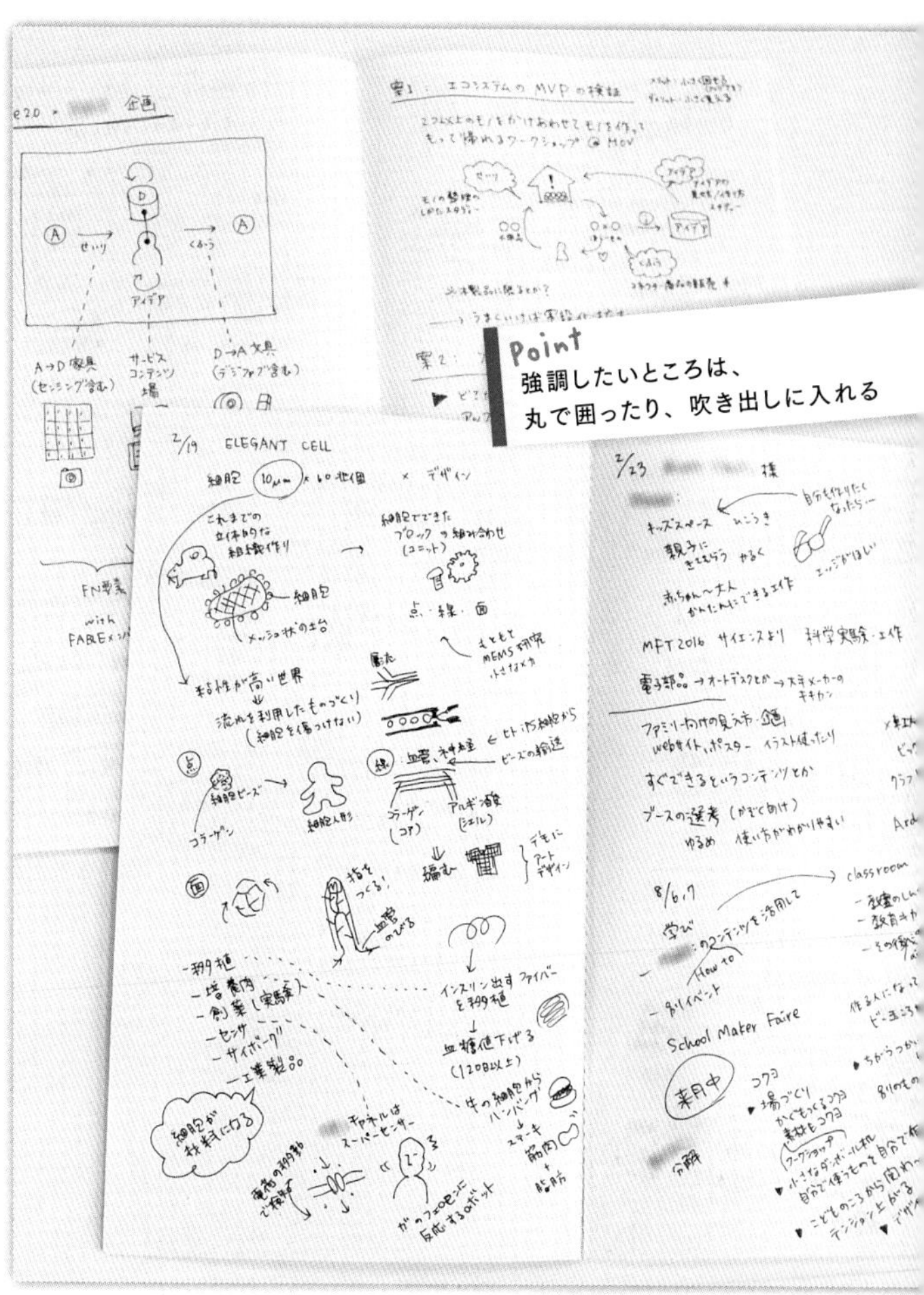
Point
強調したいところは、
丸で囲ったり、吹き出しに入れる

議事録を書くのもアイデア出しも、すべて同じ
無地ノート（スリムB5サイズ）を使う

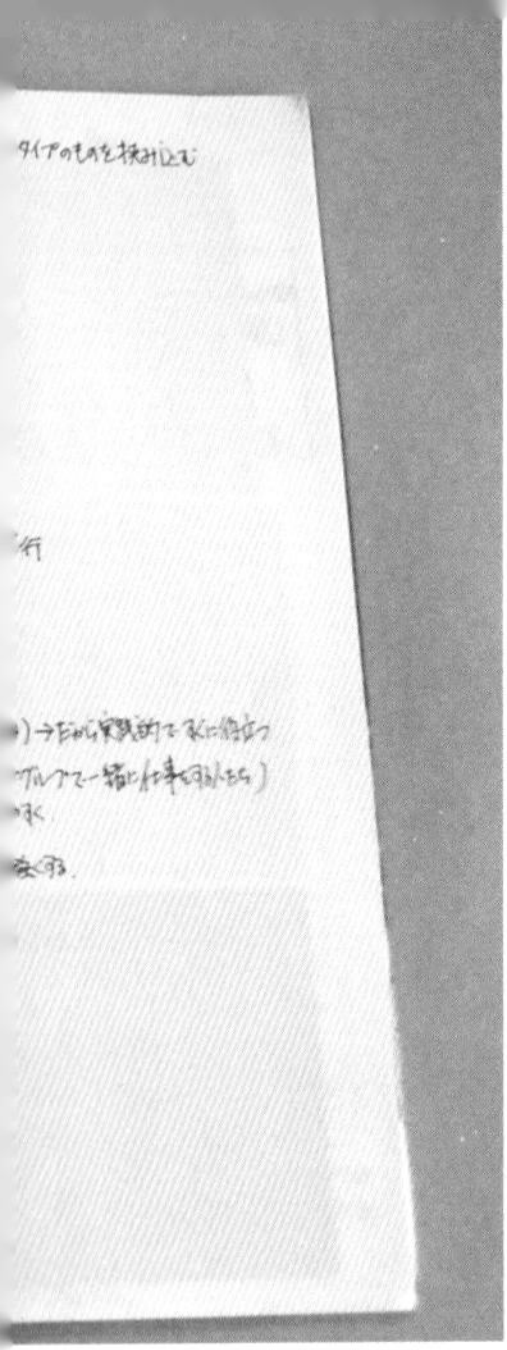

082

「大・中・小項目」でふせんの色を変える

ふせんを項目別に色分けすることによって、複雑な思考が整理される

Ｂ5サイズの無地ノートを使っています。罫線にとらわれず自由に書けて、サイズもちょうどいいからです。「色分けしよう」「キレイに書こう」と考えること自体が思考の妨げになると思っているので、ペンの色は1色のみ。

ノートを使ってアイデアを並べ替えたり、思考をグルーピングしたりする作業が発生しそうなときには、ふせんを使います。

ふせんの色は、そのときの気分で選びますが、作業が進んで

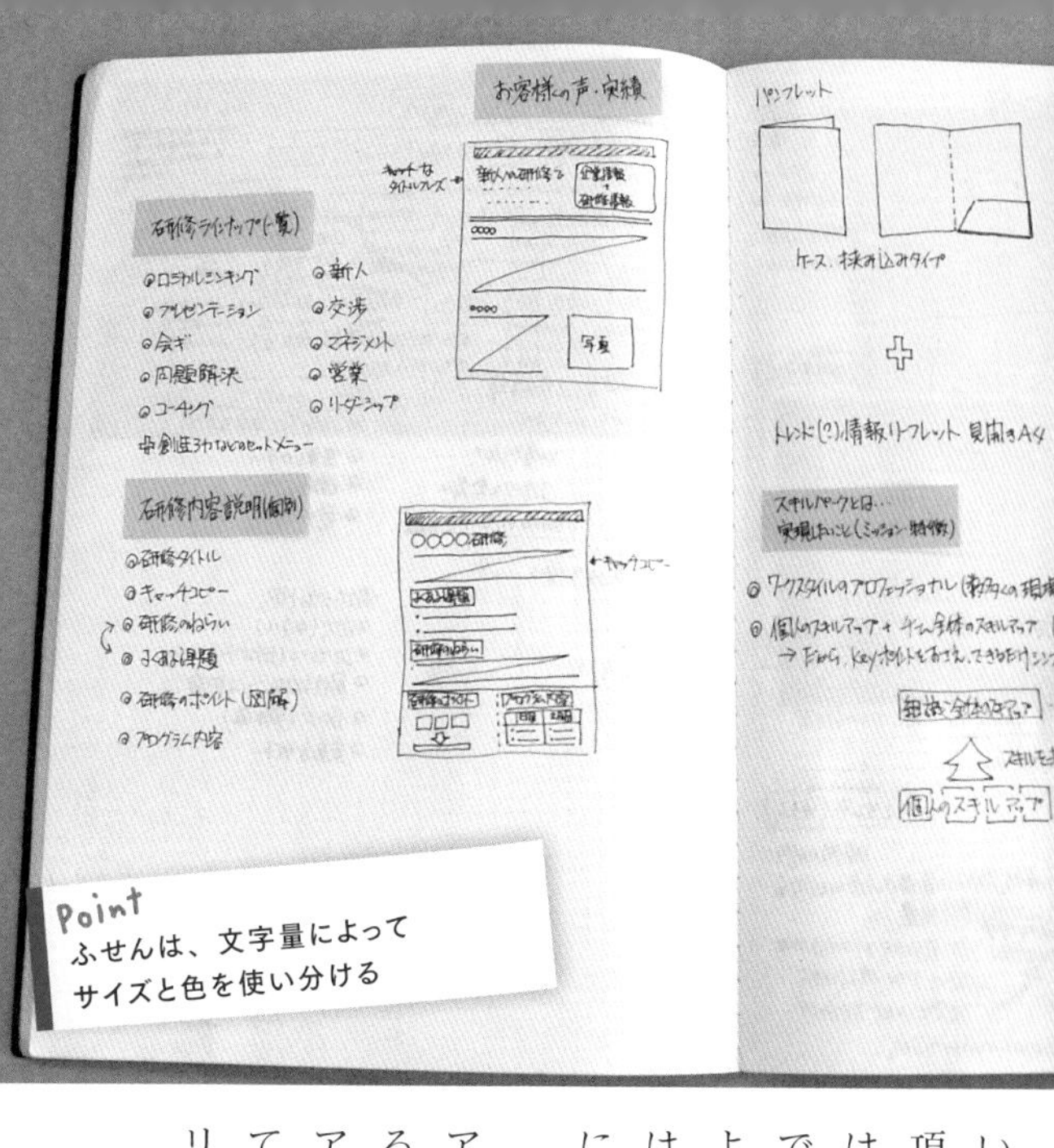

いく中で、大項目、中項目、小項目などに分かれてきた場合には、項目ごとに色を変えて、色で階層（レベル）が目に見えるようにします。ふせんのサイズは、記入する内容のボリュームにあわせて選びます。

上の写真のノートは、アイデア出しを終え、まとめ上げている段階です。採用されなかったアイデア（ふせん）をすべて捨ててしまった後なので、スッキリした状態になっています。

083 ふせんを使って「ひとりブレスト」

ノート上に「思考途中」を保存して、後でまた再開できる

スケッチを描くことも多く、ノートを斜めに使いたいときもあるので、罫がまったくない無地ノートを使っています。サイズは、カバンに入れやすいB5サイズです。B5サイズのノートも、広げて使えばそれなりの大きさになるので、ふせんを使った「ひとりブレスト（ブレインストーミング）」も可能です。

ひとりブレストは、ノート上に小さなふせんを貼って行います。書き込んでは貼ったり、はがしたり……。集中する作業が終わった後も、ノートにふせんを貼ったままにしておくと、スキマ時間に再検討できたり、別プロジェクトで活用できたりなんていうことも。

先輩がアドバイスを書いてくれたふせんも、すべてノートに貼って残します。ノートに貼っておけば、自宅や外出先でも自由に見返せます。

Point
B5サイズのノートを見開きで使えば、ひとりブレストも可能

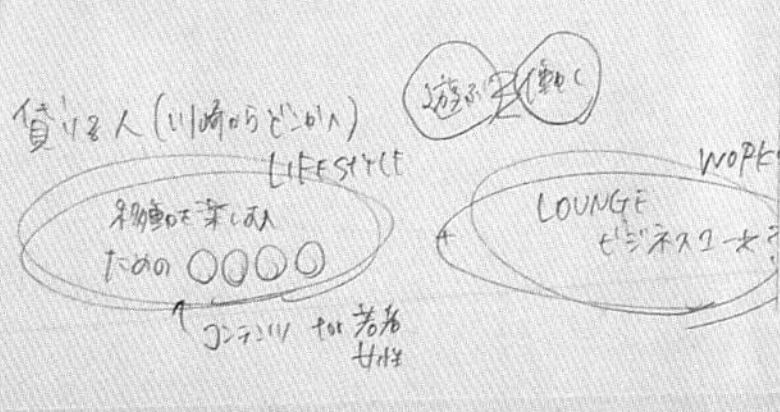

ノート上での「ひとりブレスト」は、思い立ったときにいつでも始められるのが魅力

084

「手帳リフィル」と組み合わせる

スケジュールとコピー用紙のメモ（複雑なタスク）を同時に確認できる

手帳リフィル（A5サイズ）にA4のコピー用紙を折りたたんで挟み込み、スケジュール表とメモを併用したカタチで使用しています。

仕事は設計ですが、スケジュールと一緒に複雑なタスクが書かれたメモを見たいので、この運用になりました。

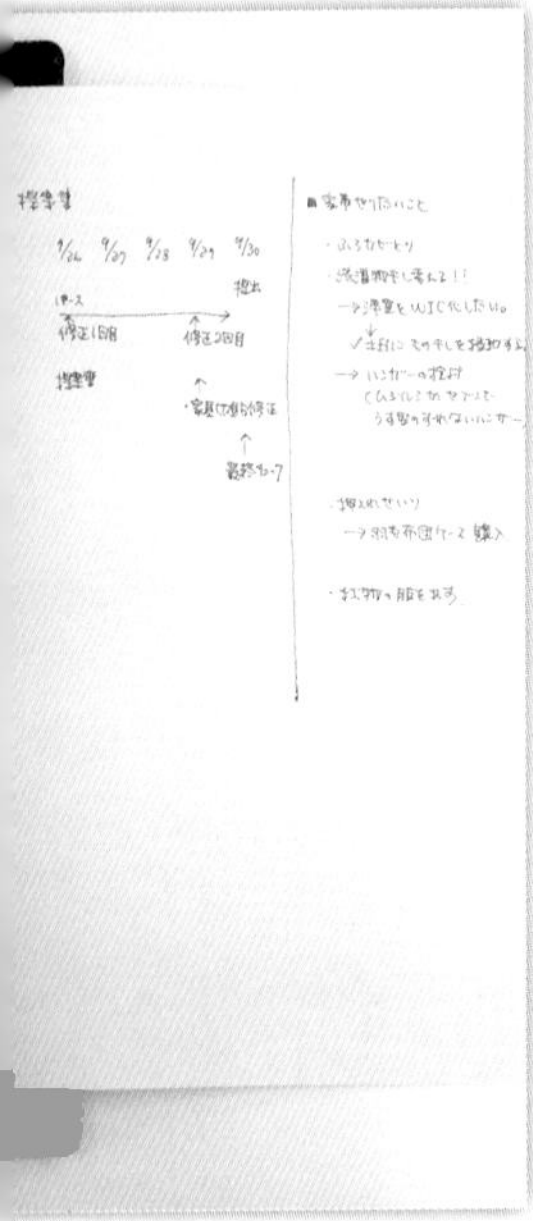

メモは案件ごとに書くことが多いですが、特に「スケジュールを整理したい」というときは、日にちを基準に書くこともあります。

メモを書く第一の目的は「頭を整理すること」なので、ルールは決

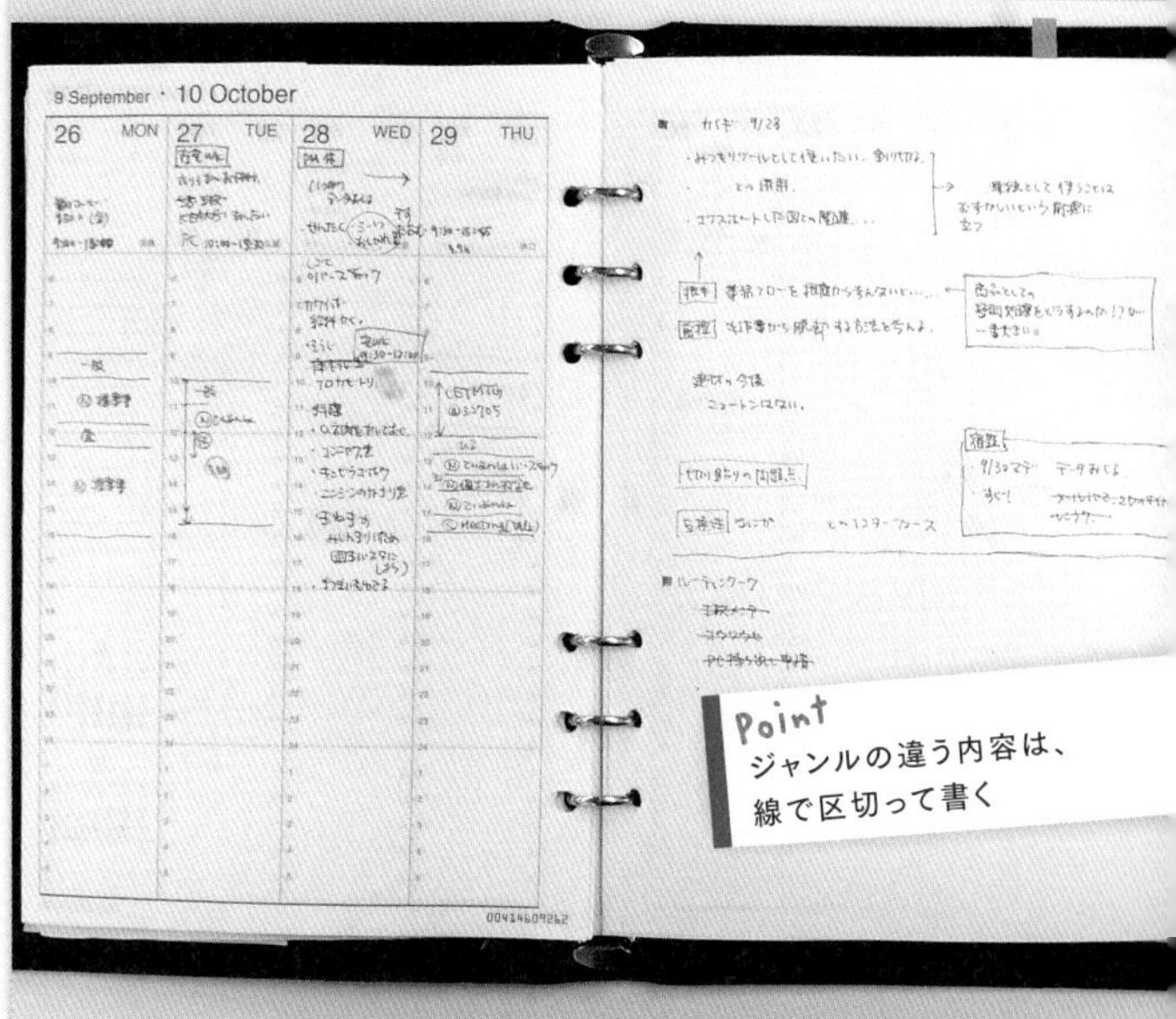

めず柔軟に使うようにしています。

基本的には、完了したタスクは赤線で消していき、週が変わるタイミングで新たなA4用紙を用意し、新たなタスクを書くと同時に、終わっていないタスクも書き写します（その際、古いA4用紙は捨てます）。タスクが終わった時点で、メモは捨てる運用です。

ペンの色は、青色［スケジュールの予定や実績］、赤色［勤務時間や勤務形態（在宅、休日、出勤など）］、黒色（私用の予定）を使い分けています。

085

必要と気分に応じて、タテにヨコに使う

引っかかる紙はNG。質の良いペンと紙で思考もなめらかに

ノートは、とにかく自由に書きたい。罫線や枠に縛られず、思うままにアウトプットしたいと思っています。そのためには、費用は惜しまず、上質な紙を選びます。書き心地がスルスルしていると思考のノリがよく、気持ちよく仕事ができます。

紙面は大きいほうが自由に書けるけれど、大きくなればなるほどノートが重くなるので、紙面サイズと重さのバランスの兼ね合いで、B5サイズの無地ノートを使用しています。書く目的によって、タテヨコも自由に使います。

ペンは、誤字をぐちゃぐちゃと訂正するのが好きではないので、キレイに消せるフリクションを使っています（ただし、デザインにはこだわり、LAMYのペンにフリクションのリフィルを入れて使用）。基本は1色（ブルーブラック）で書き、文字の大きさを変えたり、なぞって太字にするなどで緩急をつけています。

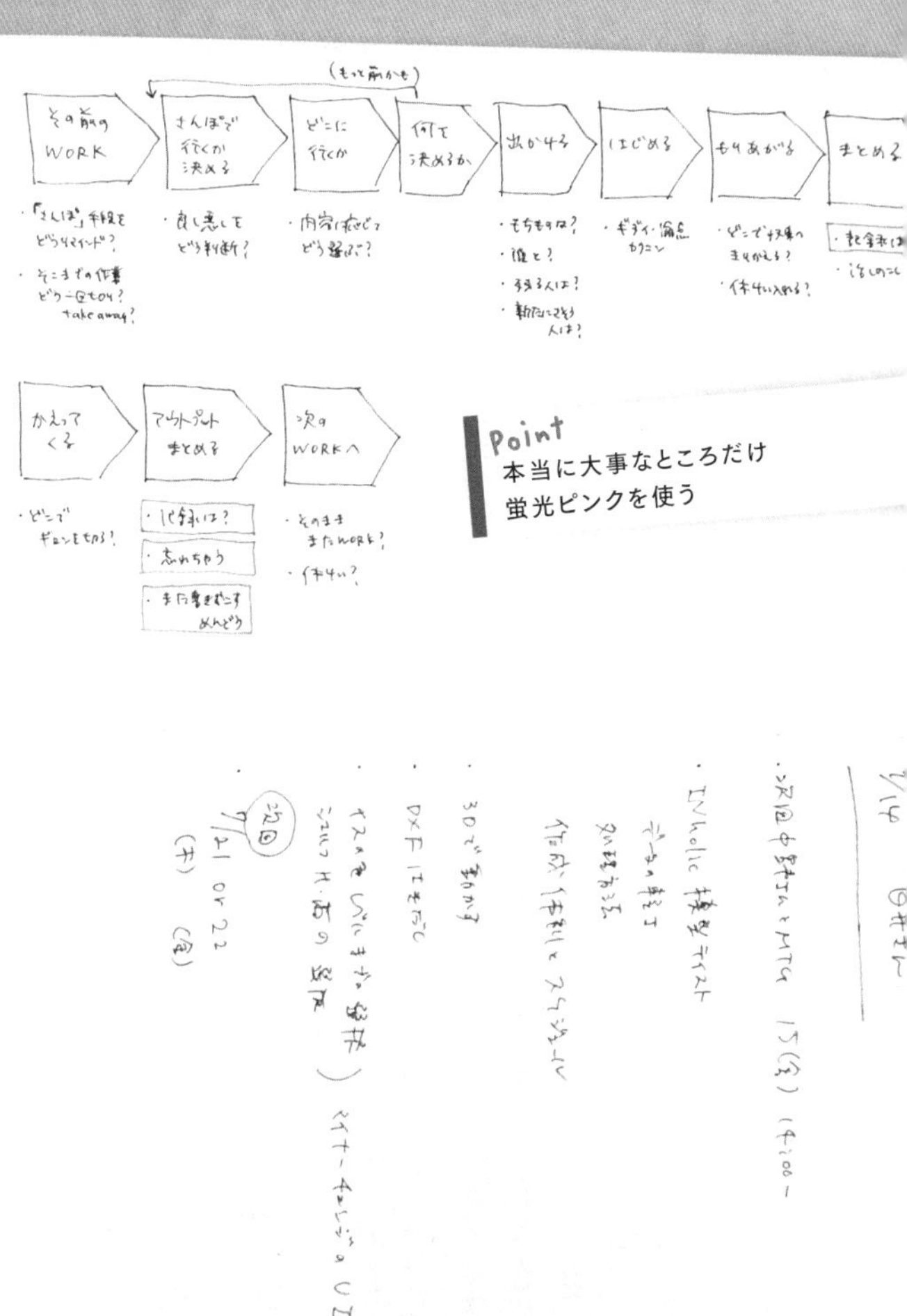

Point
本当に大事なところだけ
蛍光ピンクを使う

数万円するような高いペンも好きだが、なくしたときの精神的ダメージが大きいので避けている……

086

「超ミニふせん」を使ってアイデアを出し切る

A4サイズのノートに100以上の情報を書き出せる

顧客向けの提案や社内プロジェクトの企画など、重要な資料をゼロからつくり込むときには、まずはその企画で語る可能性のある事実や課題、アイデアなど、すべてを小さなふせんに書き出します。

私が使っている25ミリ×7.2ミリの超ミニふせんなら、A4サイズのノートに100以上の情報を書き出せます。

これだけ出せば、さすがにもう出ないな……と思えてくるので、それから情報を分類・整理し、

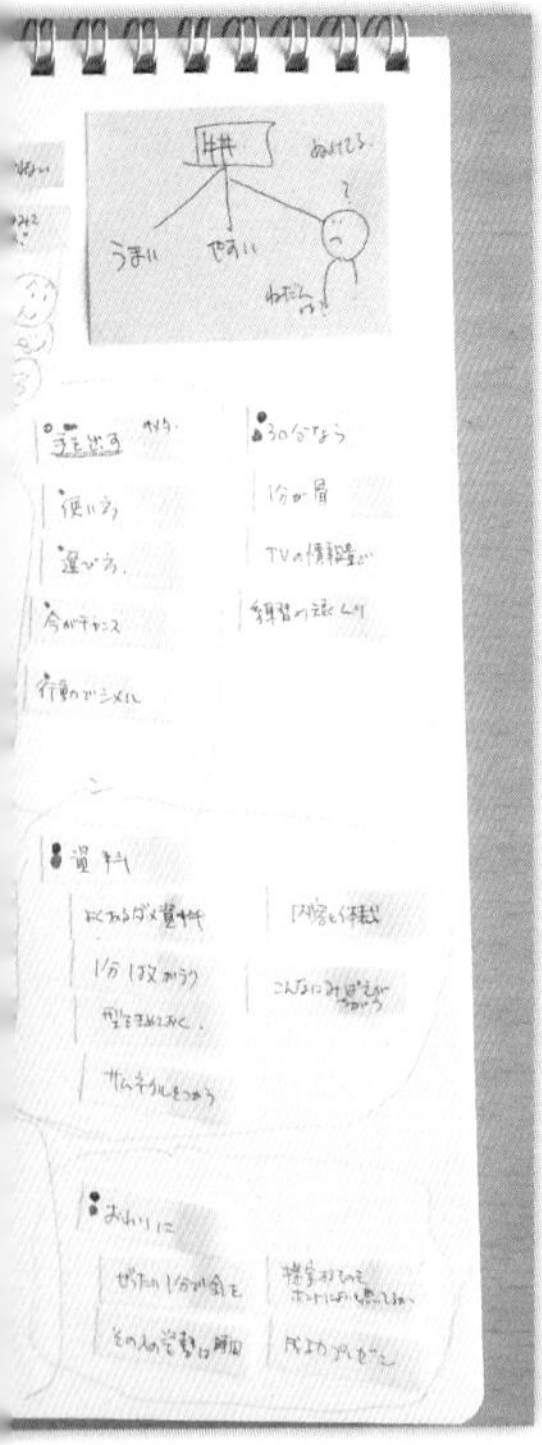

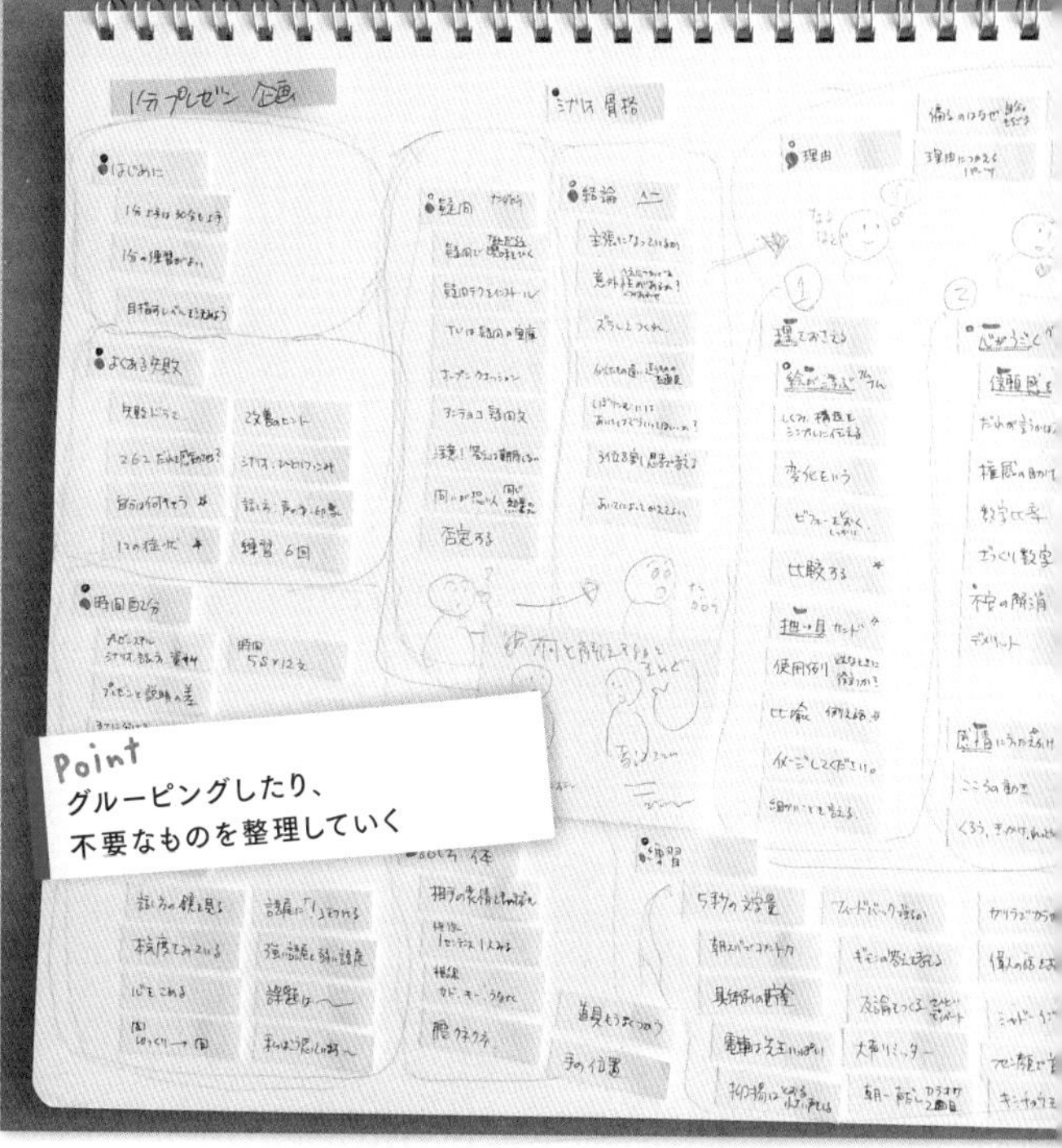
Point
グルーピングしたり、
不要なものを整理していく

不要なものを削除して企画ストーリーにしていきます。

実際にふせんに書き出す時間は10～20分くらいでしょうか。

あれやこれや考えるよりも、結果的には時間短縮になりますし、すべて出しきってからまとめた企画だと納得できるので、企画提案時に自信が持てます。

087

「インデックス」と「ページ番号」で整理

「時系列」に記録されたノートが「仕事別」に整理される

ノートを普通に使っていると、仕事の種類に関係なく時系列に記録されていきます。しかし私は、仕事内容を見返したり、考えを整理したりするときには「仕事の種類ごとに並んでいてほしい」と思っているので、その記録方法には不満がありました。

そこで生み出した苦肉の策が、ページの端に仕事の種類ごとにインデックス（見出し）をつけ、ページ番号を振って情報を整理する方法です。こうすることで、時系列に記録が並んでいても、インデックスとページ番号をたどることで、仕事の種類ごとに見返したり整理したりすることが可能になります。

インデックスをつくる際のポイントは、「色を塗ること」「なるべく見開き単位で使用して、右端にインデックス名を書くこと」「日付を左上に記載すること」です。また、「キレイに書かなきゃ」と思うと面倒になってしまいますから、ほどほどが肝要です。

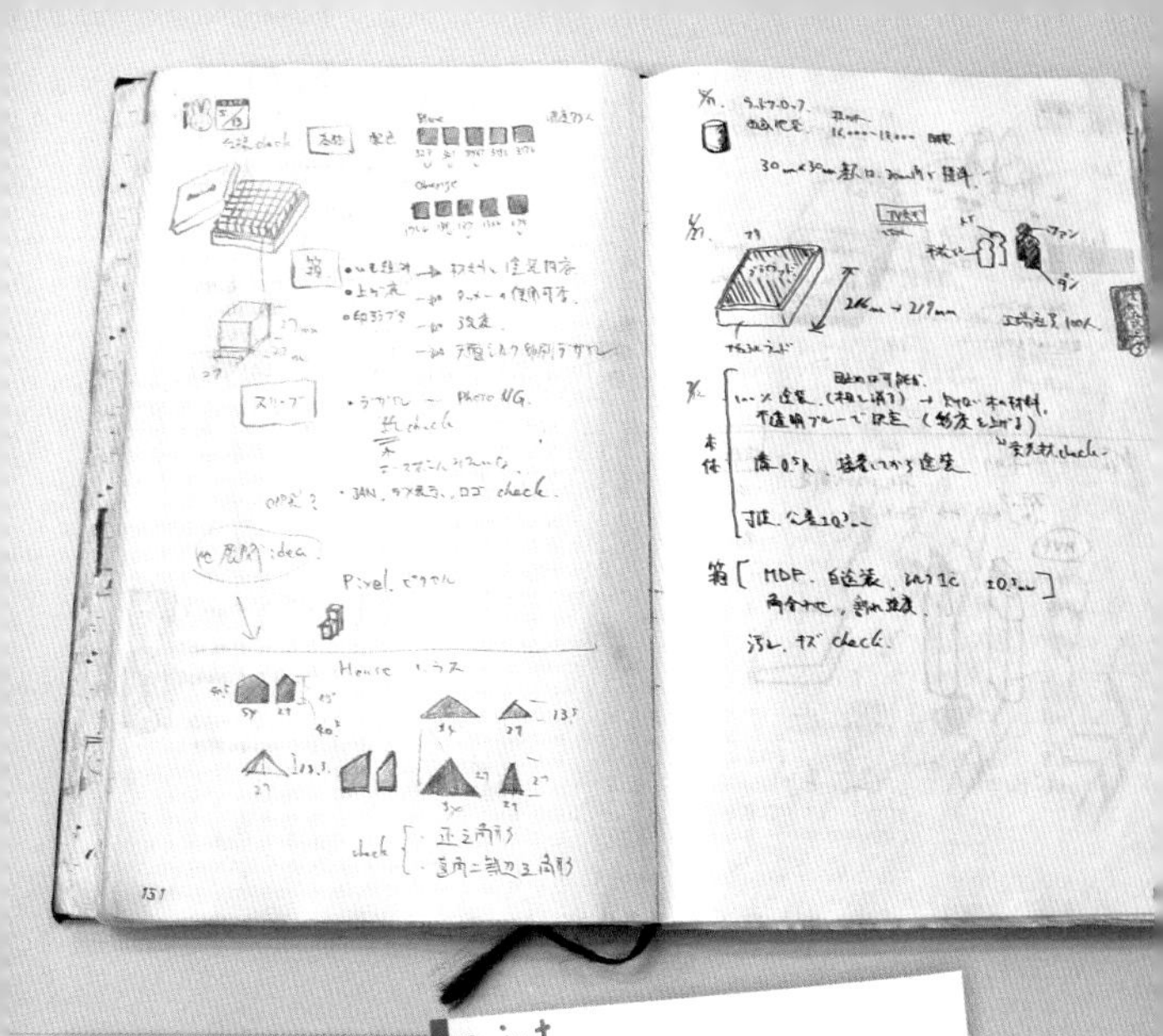

Point
インデックスには仕事の種類とページ番号を記入する

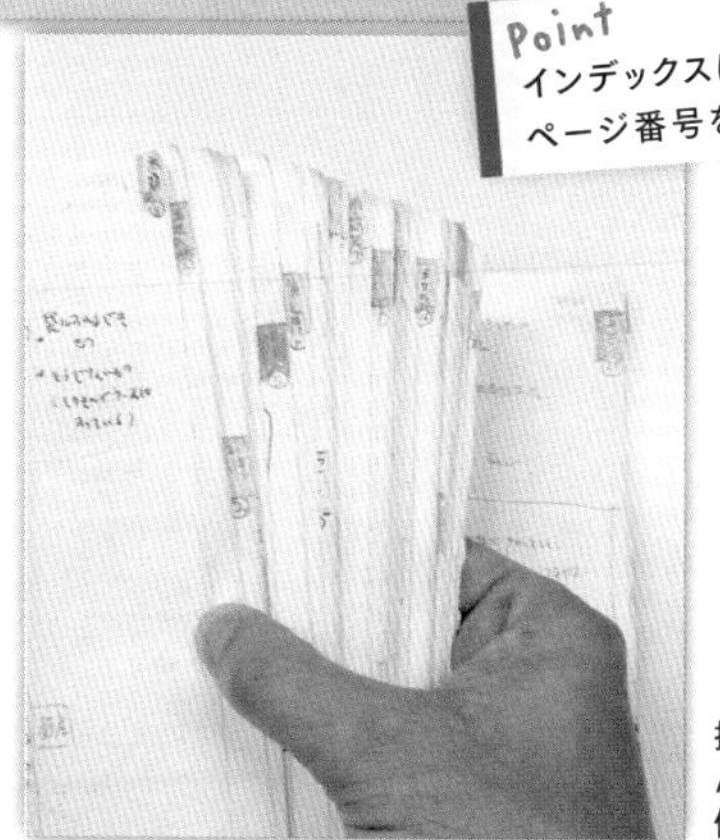

持ち運びの容易さを重視して、Ａ５変形サイズの無地ノートを使っている

088

旅日記には「現地の包み紙」を貼る

旅の記録を書くだけでなく、現地のモノも貼る

旅の記録や自己啓発などで使うノートは、保管を前提にしているものなので、「MOLESKINE（モレスキン）」を使っています（業務でも使いたいけれど、高価すぎるため、断念！）。

旅の記録は、大切に何度も見返したいものなので、奮発してモレスキンをセレクト。このノートは、第三者にも読んで楽しんでほしいので、書き間違いを避けるべく、筆記にはフリクションを使用しています。

海外旅行の旅程や訪れた場所の記録として、現地のパンフレットや写真、スケッチなどをコメントとともに残していますが、現地のありふれたお菓子の包み紙やチケット類をノートに貼り付けておくと、その街の個性が強く表れたページができあがり、楽しい思い出がよみがえります。

Point
写真は大胆に切り抜く！

紙面をゆったり使ったり、ゴチャゴチャににぎやかに使ったり、緩急をつけて楽しく記録する

089

すべてを時系列で書いていく

業務が切り分けられないので、1冊のノートに集約する

ノートは1冊のみを使い、打ち合わせのメモも、打ち合わせ以外の調べ物も、どんどん時系列で書いていきます。というのも、会議といえる会議がそれほどなく、逆に、アイデアを出し合うような少人数の打ち合わせが頻繁にあるため、業務を「記録」と「発想」に切り分けてノートをつくるのが現実的ではないからです。

ノートを分けて使う方も多いですが、私の場合は、1冊のノートに集約していることで、「あれ何だっけ?」というときに、すぐに該当の箇所が見つけられるので満足しています。

ノートのサイズはA5スリムサイズですが、軽くて小さなカバンに入るところが気に入っています。以前はこれより大きなサイズも使っていましたが、結局、記入する幅はA5スリム程度。おそらく、このサイズが私に合っているのだと思います。

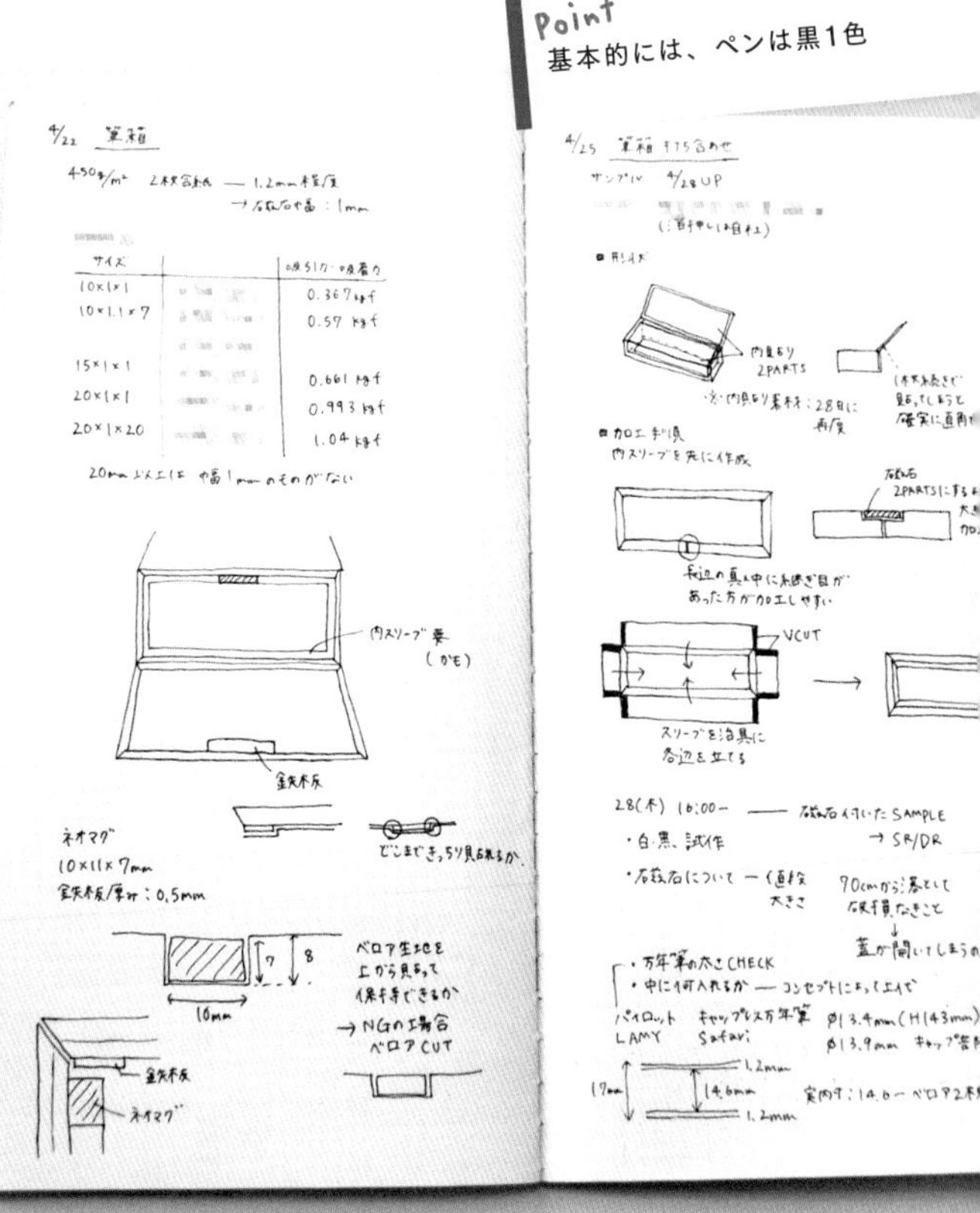

定規は使わずに、フリーハンドで描いていく（フリーハンドの線が好き）

090 A5サイズの「裏紙」をいつもそばに置く

不要となったコピー用紙を再利用してメモを作成する

ノートは使わず、不要となったコピー用紙の裏紙をA5サイズにカットして使っています。理由は、「もったいないから」。要は、エコの観点からです。A5サイズは、マウスパッドとキーボード入力するときの手の位置の邪魔にならない大きさです。

裏紙を使うメリットは、大きく分けて2つあります。

①バラになっていること→仕事の優先順位が変わった場合に入れ替えられる。
→バラバラにメモしたことをまとめられる。

②どんどん使えること→思いつきレベルのアイデアもバンバン書ける。
→イケてないアイデアや使用済みの用紙は簡単に捨てられる。

裏紙とペンは、すぐにメモがとれるように、いつもそばに置いてあります。パソコン作業中も電話を受けたときも、何はともあれ裏紙に手を伸ばします。

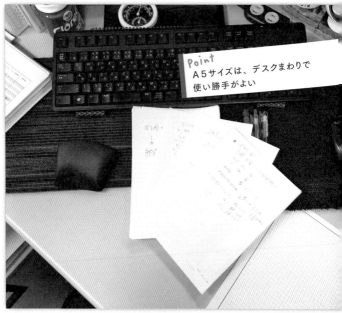

バラになっているので、「先にこの案件を片づけてしまおう」などと、メモの順番を気軽に入れ替えて作業できる

091 日付で「履歴を追えるしくみ」をつくる

「タテ線↓日付」「ヨコ線↓日付」を習慣にする

日付がわかると、ほとんどの場合は、目的のメモを探し出せます。なので、ノートにメモをする際は、日付を明確にすることを心がけます。

まず、メモを書き始める前には、ページの左に1センチ強のタテ線を引き、日付を記入します。そして日付が変わったときは、ヨコ線を引き、日にちが変わったことを明示します。

ノートは定期的に見直して、対応済みの案件やToDoは斜線で消し、対応不要になったり、別ページに転記したような場合にはヨコ線（ヨコの取消線）で消してしまいます。

未対応のToDoが埋没しそうになっていたら、赤系の色で囲み、自分に注意を喚起します。

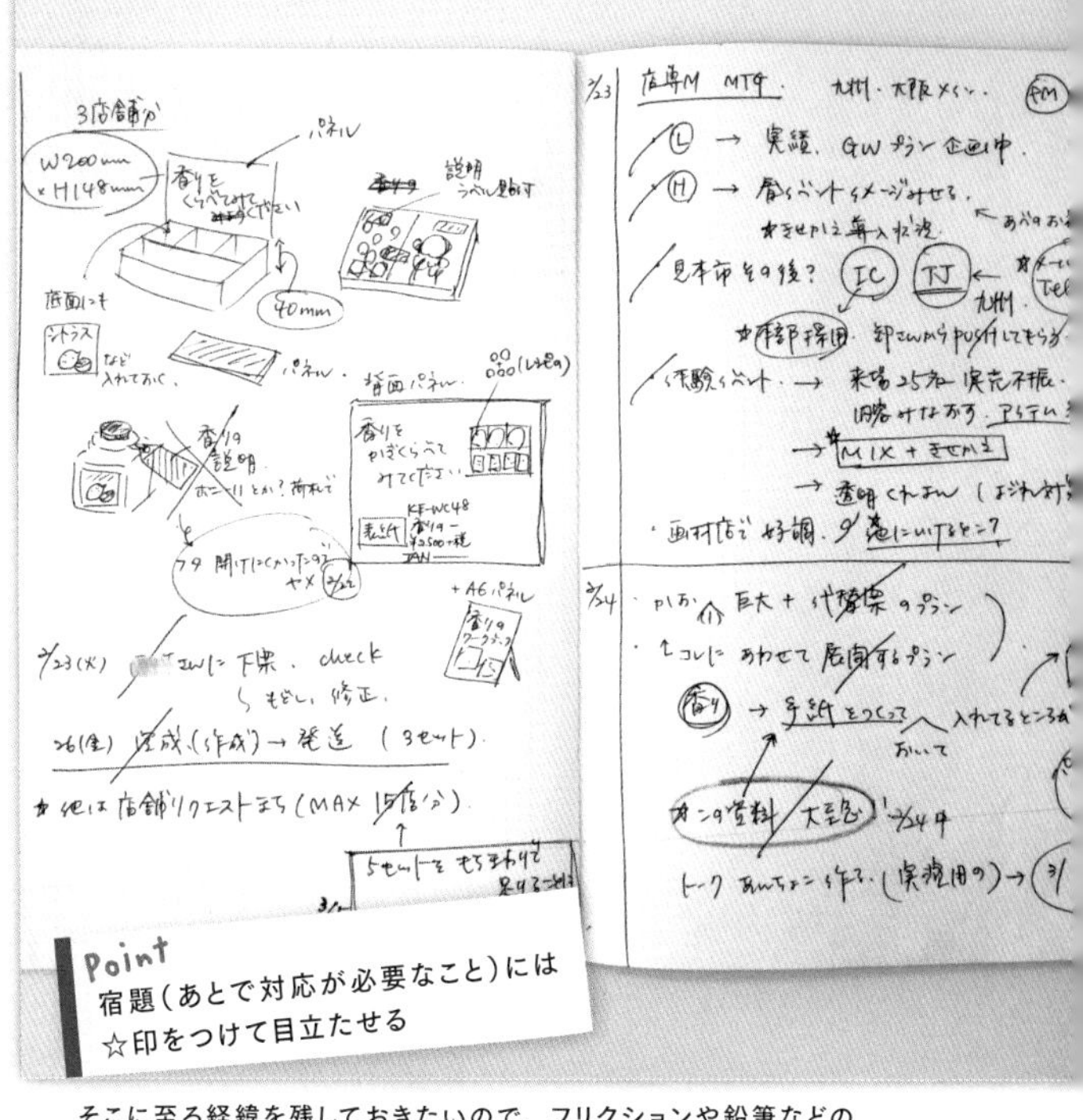

Point
宿題（あとで対応が必要なこと）には
☆印をつけて目立たせる

そこに至る経緯を残しておきたいので、フリクションや鉛筆などの
消せるタイプの筆記具は使わず、履歴は残しておく

092

「ブロックメモ」を胸ポケットに入れておく

胸ポケットの中にたまったタスクを、どんどん片づけていく

無地のブロックメモ（85ミリ×85ミリ）とメモパッド（A6サイズ、5ミリドット方眼罫）を使っています。

これらのメモは、書くボリュームがほどほどで、好きな大きさの文字が書け、何よりも携帯性に優れています。

忘れてはいけないことは、ブロックメモに箇条書きにして、胸ポケット入れておけば忘れません。デスクにいるときには、胸ポケットから取り出して、ダブルクリップで留めてから、目に見える場所に置いておきます。

これらのメモは、タスクが終わって必要がなくなれば、すぐに捨ててOK（このとき、気持ちがいい！）。もし、内容を残しておきたい場合は、スマートフォンで写真を撮っておきます。

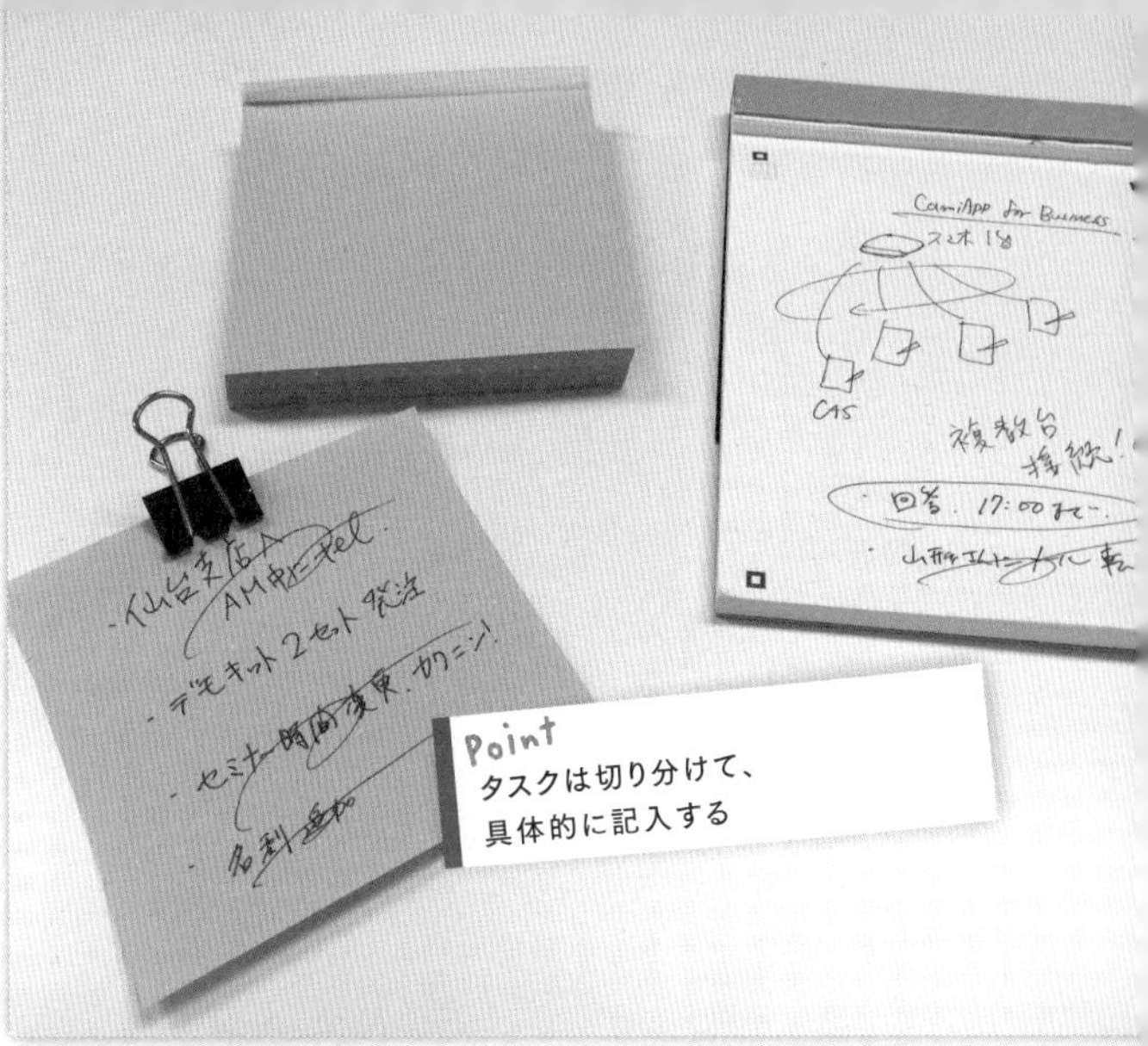

Point
タスクは切り分けて、
具体的に記入する

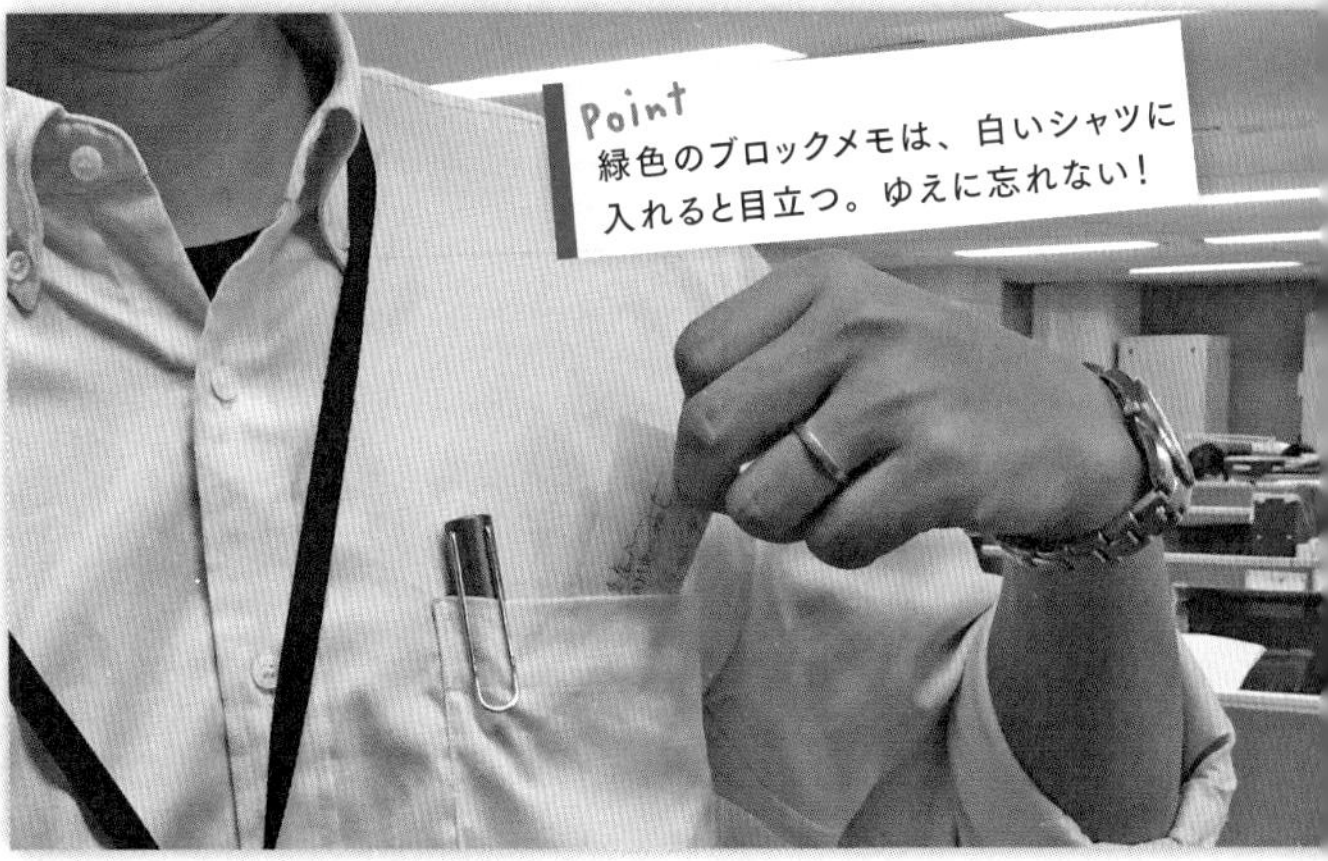

Point
緑色のブロックメモは、白いシャツに
入れると目立つ。ゆえに忘れない！

093

ページの色味で内容を判別する

楽しい話題やセミナー聴講メモは、にぎやかで楽しく

紙面は大胆に使い、「左上から右下へ」を意識して記述します。

通常の真面目な仕事をするときには、基本、黒色のペンで書き始めます。その中で「重要だ」と感じたところは赤色のペンを使います。後で振り返ってみて、「これも大事だった」と思ったら、赤色のペンで追加します（または赤色の線で囲みます）。少々トーンの違う話が出てきたときには、そのほかの色（青色や緑色）で書いたり、線で囲みます。

楽しい話題やセミナー聴講メモなどの場合は、黒色はできるだけ使いません。できるだけ色を多く使い、「にぎやか・楽しい感」を出します（左の写真のように）。

そのため、ノートをパラパラめくると、「仕事ページ」と「楽しいことページ」がすぐに判別できてしまいます。

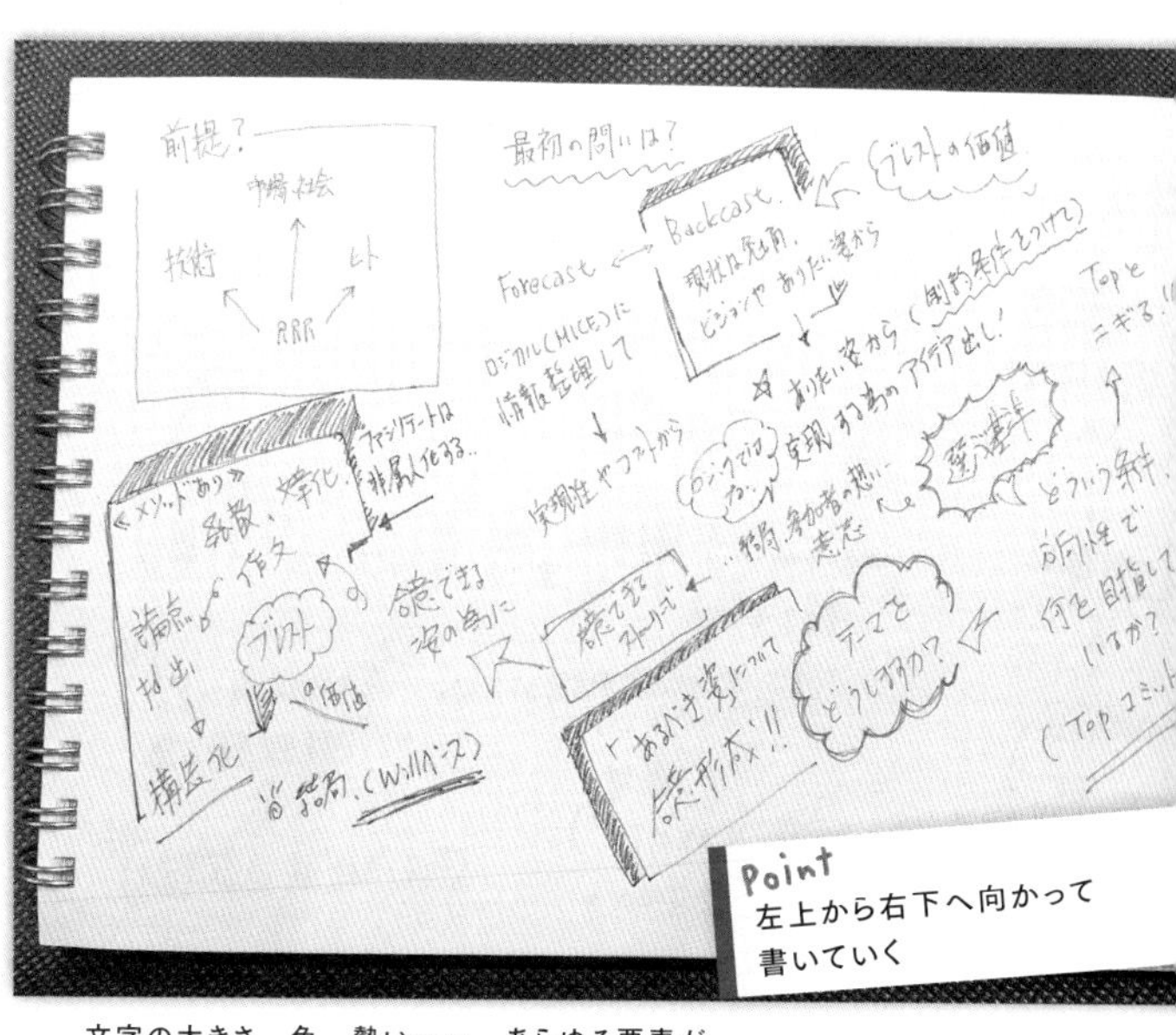

文字の大きさ、色、勢い……、あらゆる要素が
主張しているので、記憶に残りやすい

094

ノートを「ホワイトボード代わり」にして説明する

相手の考えを、ノートを使って図解＆整理する

お客様先でディスカッションになったときに、その場で相手（お客様）が言わんとする概念を、自分がサインペンでノートに図解していくことがあります。

というのも、相手の考えがその場で整理されていくと、オフィスづくりのコンセプトや要件整理がスピーディーに進んでいくからです。

太めのペン（サインペンなど）でＡ４サイズの無地ノートに書けば、テーブルで対面して座っている相手からも、何が書いてあるのかよく見えます。ちょっとした打ち合わせスペースなど、ホワイトボードの準備がない環境であっても、図解を見ながら議論することができて、とても便利です。

口で説明しながら書いていきますから、文字が多少乱れていても、キレイな図解でなくても構いません。見た目が悪くても、中身は十分に伝わります。

Point
A4サイズのノートいっぱいに
1つの図解を書く

Point
相手の反応をうかがいながら、
ノートに図解する

095

一定期間必要な情報は、ふせんに書いて貼る

伝えたいことや聞かれやすいことは、事前にふせんに回答を記入しておく

メディアの方々にお会いして自社の商品について説明する機会が多いです。たとえば、新製品の紹介や取材対応のときには、商品の特長や小ネタ、あるいは商品の売上推移などの情報を事前に収集し準備します。そのため、そうした情報をメモしておき、ふせんに書いてノートに貼っています。数字を覚えるのが苦手なので、正確なデータをお伝えするために、メモを活用して即答できるようにしています。

A5サイズの無地ノートをヨコ長にして使っていますが、普段から見開きの下側のページしか使わないようにしているので、ふせんを貼るのは上側の位置です。確認しやすく、メモをとるときのジャマにもならず、とても便利です。こうしたふせんは、ノートの表紙の裏に貼りつけ、待機させています。

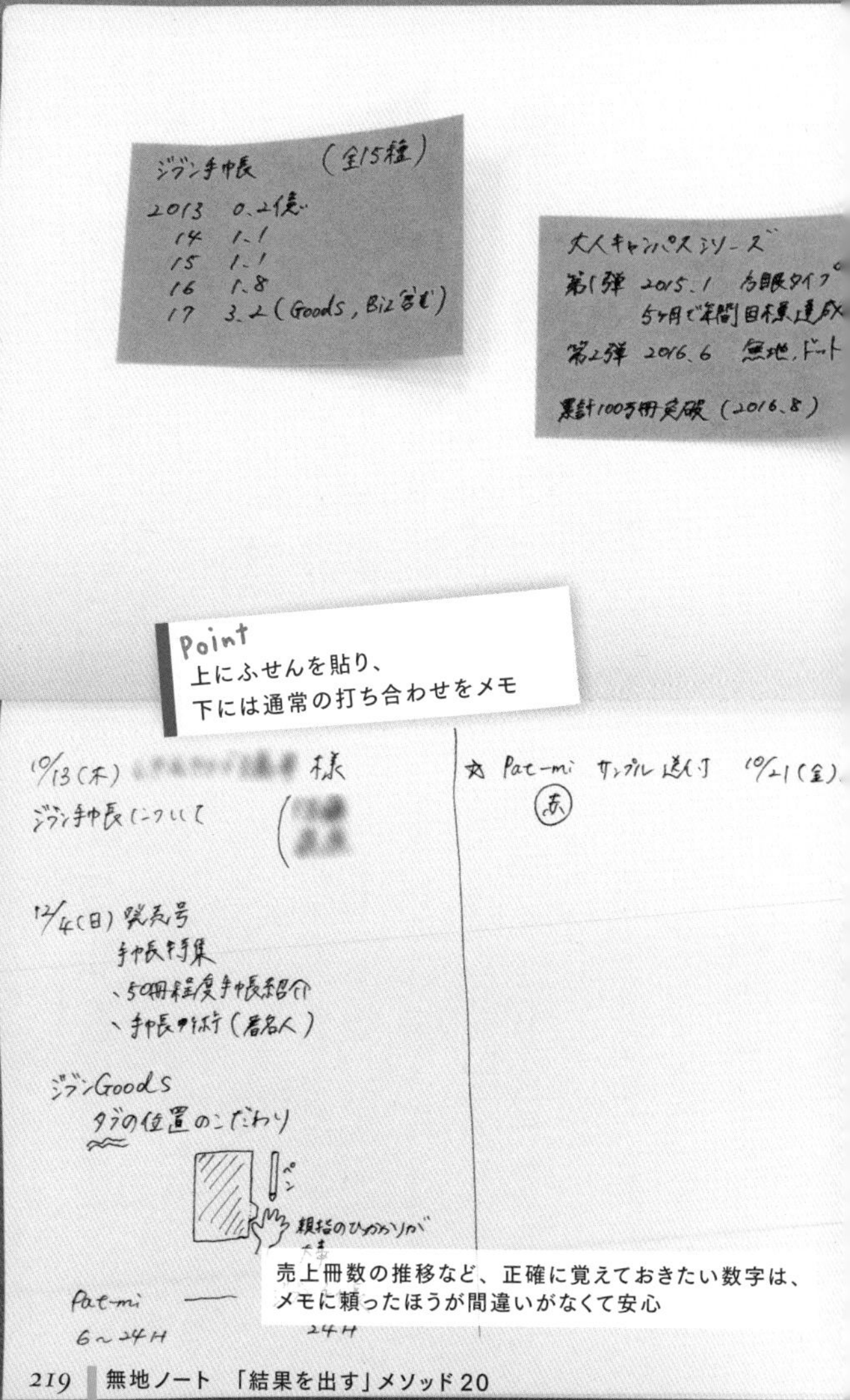

Point
上にふせんを貼り、
下には通常の打ち合わせをメモ

売上冊数の推移など、正確に覚えておきたい数字は、
メモに頼ったほうが間違いがなくて安心

096

アイデアは「一問一答式」でまとめる

疑問文「〇〇〇は?」を書き出してから、思考をスタート

企画や提案を考えるときには、「さあ、企画を考えよう」と思ってみたものの、思考があっちに行ったり、こっちに行ったりするものです。

見当違いの方向に行ってしまわないためにも、まず初めに、「提案に盛り込むべき要素は何か?」を疑問文で書き出してみます。

たとえば、「ターゲットは?」「コンセプトは?」「主なニーズは?」「具体的な計画は?」という具合です。

書き出す項目は、「その企画を決裁する人は、何を知りたいだろう?」と考えながら拾い上げていきます。

ここで出てきた問いに対する答えを考えながら埋めていけば、おおよその企画概要が見えてきます。

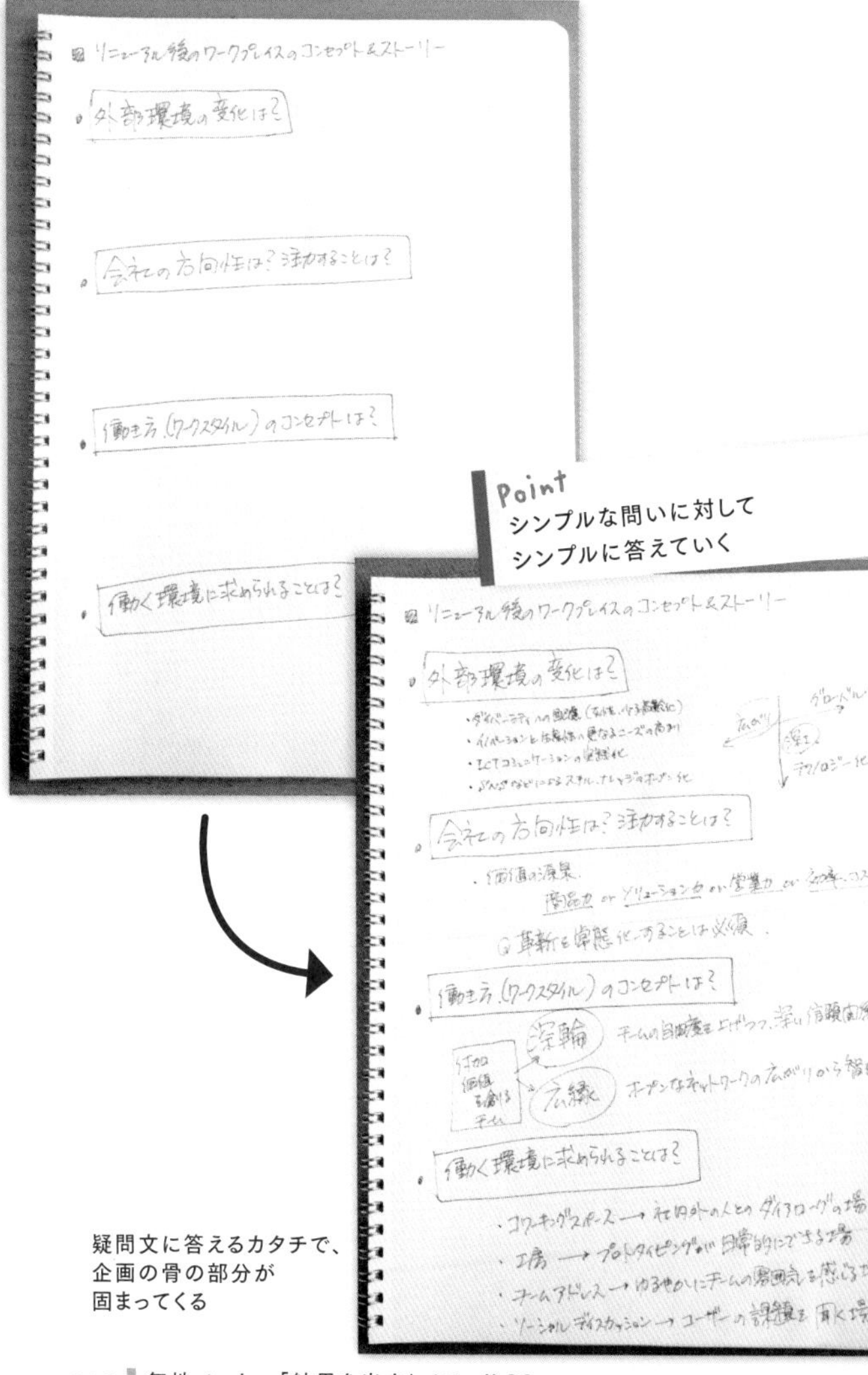

Point
シンプルな問いに対して
シンプルに答えていく

疑問文に答えるカタチで、
企画の骨の部分が
固まってくる

097 ラフスケッチでイメージを膨らませる

ササッと描いた絵があると、考えがリアルになる

アイデアを出さないといけないような案件では、無地のノートに書き込みながら考えます（手持ちの無地ノートがないときには、コピー用紙に書いてしまうことも）。まっさらな紙に、頭に浮かんだものを思いつくままに乱暴に書いていくこともありますが、ある程度、アイデアが出そろった後には、少しアウトプットを意識して、スケッチを描いたり、図表やマインドマップのようなチャートを描いたりすることもあります。文字だけを書くのではなく、そうした図のようなものを描いていくと、自分の頭の中にあるイメージが鮮明になっていく感覚があります。

そういうときに使う筆記具は、さらっと書けるパーカーのペンなど、なめらかな書き味のものが適しているような気がします。芯が太めのコクヨの鉛筆シャープなども、紙の上をすべるような書き心地でストレスを感じません。

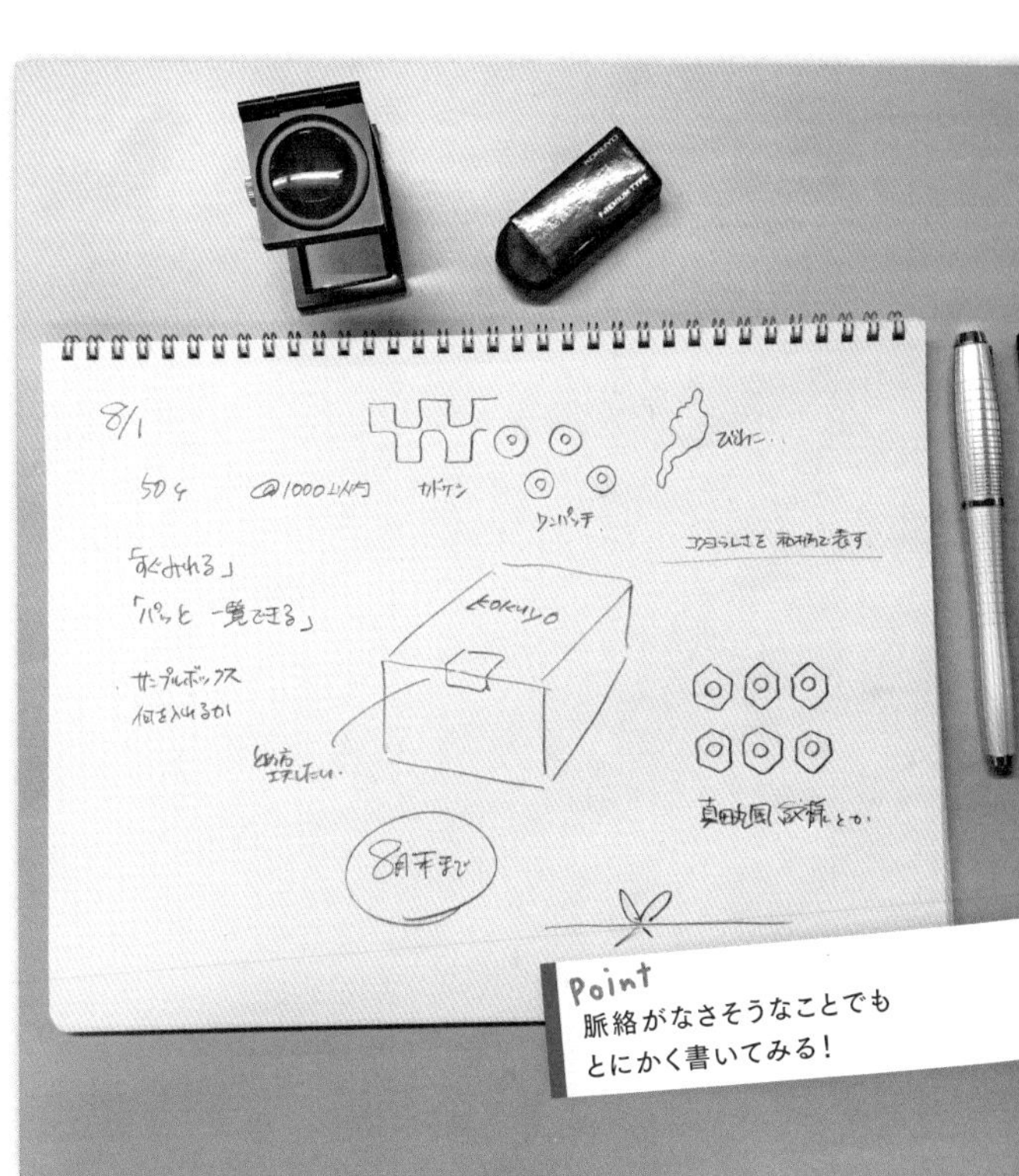

あれこれ試行錯誤したいときは、筆記具だけでなく、
消しゴムの使い心地にもこだわる

098 打合せでは「右ページをメインに使う」

気持ちよく書ける「右ページ」から書き始めていく

打ち合わせやセミナーなどでメモや記録をとるときは、まず、見開きの右ページだけを使います。そのページで収まらないときは、ページをめくって、その裏のページに書くようにします。

空いたままの見開きの左ページには、右ページに関連する内容を後から付け足しで書いたり、メモしたふせんを貼ったりします。要は、右ページがメインページで、左ページはメモや補足のスペースという感覚です。

その理由は、紙の質や使うペンによっては文字が透けてしまったり、ふせんを貼った部分に段差ができて書きにくかったり、リングノートのリングが手に当たって書きにくい……といったことが、左ページを書くときに多かったためです。そのため、右ページをメインで使うようになりました。

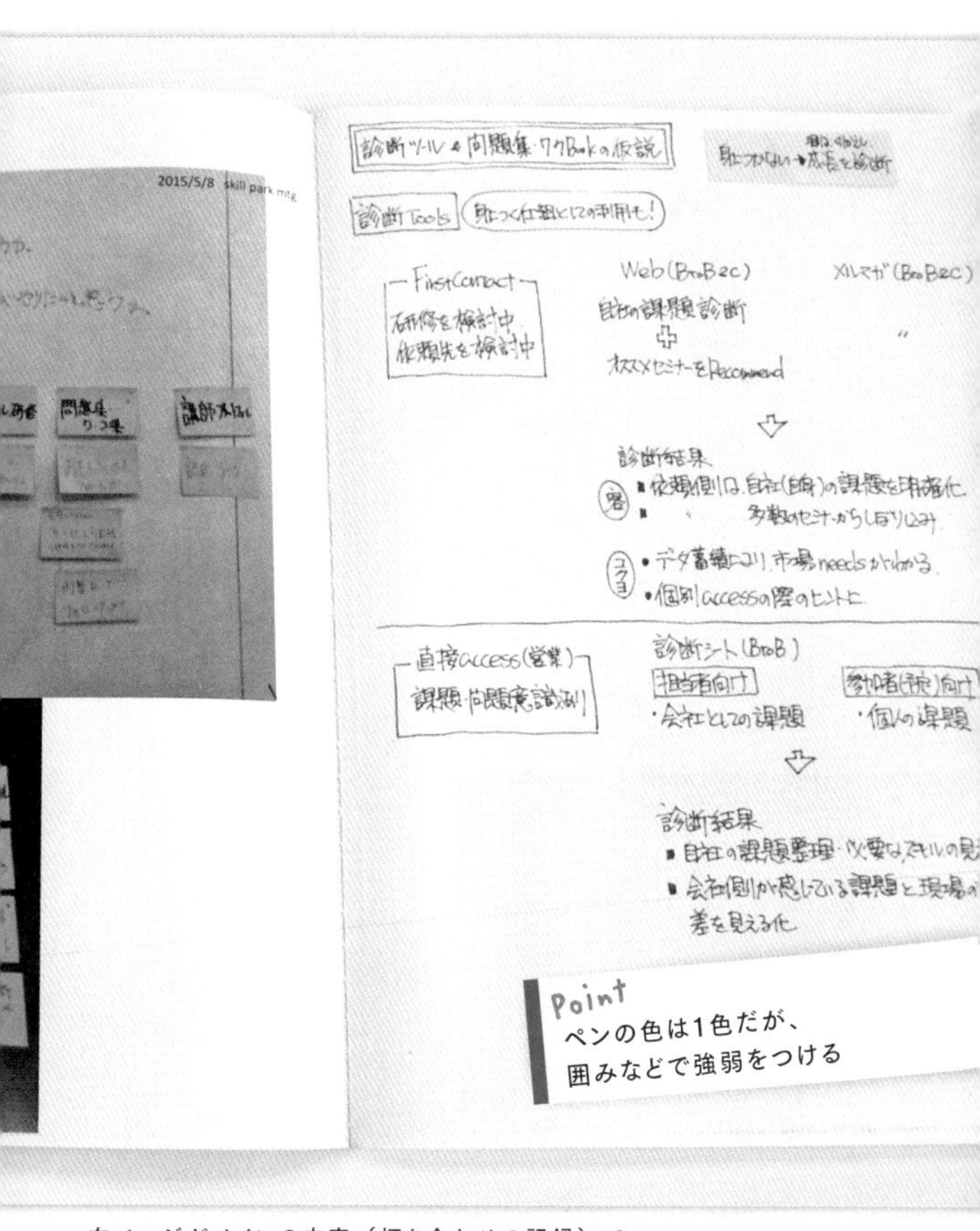

右ページがメインの内容（打ち合わせの記録）で、
左ページが補足的な内容（ホワイトボードの写真）

099 重要度は「マトリックス」を書いて考える

ノートを活用して、冷静な判断をする

アイデアを選んだり、作業の優先順位を決めたりするときには、どのような判断軸で評価するのかを考えます。

その評価軸の中でもっとも大切であろうと考えられるものを2つ選んで、タテとヨコの十字のマトリックスをつくり、その上にそれぞれのアイデアや作業などの項目をプロットしていきます。

よく使う評価軸は3タイプあります。

たとえば、社内改善案であれば「影響度」×「実現性」、プロジェクト作業の優先度であれば「重要度」×「緊急度」、社外のパートナーを選ぶのであれば「品質」×「コスト」など。このように視覚的に選択肢と評価軸を見ることで、冷静な判断をすることができます。

社内コミュニケーション、連携促進

課題
・全社視点を持っていない。（穴ぐらに入る）
・自分から情報を発信しない
・あきらめムード、どうせしかたない…

効果の高さ

社内表彰大会
社内運動会
非喫煙者のカフェスペース
社内SNS
飲み会補助
社内提案制度
サンクスカード
実現しやすさ
しにくい
ミニジョブローテーション
スマホTV会議
個性を伝えるための掲示板
ESサーベイ＋ワークショップ
低い

Point
ふせんに書いたアイデアなどをマトリックスに当て込んでいく

考慮すること
・他部署のことを知る
・トップと現場をつなぐ
・継続的にとりくめる
・事ム局の負担が大きすぎな
・公平感がある
・情報発信とフィードバックのバ

マトリックスを書いて考えると、足りなかった視点に気づくとともに、問題点が見えてくる

100

始業時に「ToDoリスト」を書き下ろす

「本日のレシピ」や「明日へのトビラ」をしたためる

毎日の始業時に、ToDoリストをつくっています。

無地のA4サイズのレポートパッドに1枚、心を鎮めて書きます。「これをやらねばならない……」という心理的負担感を軽減するため、ToDoリストのタイトルは「本日のレシピ」とします。

このタイトルですが、スケジュールが厳しくなってきたり、追い込まれていくにつれて、「明日へのトビラ」などと、変更されることも多々あります。

使うペンも、通常業務から離れて「筆ペン」でしたためるようにしています。

気持ちの整理がつかないときには、書いてはちぎり捨て、書いてはちぎり捨て……ということとも。

白紙に向かって、書道をしているときのような心で書き下ろすのがポイントです。

快適な
書き心地
コクヨオリジナル
筆記用紙

Point
ToDoリストならぬ
「本日のレシピ」

毎朝、まっ白な紙に向かい
新たな気持ちで業務をスタートする

【企画・編集】下地 寛也　白石 良男　荻原 智慧

【Special Thanks】

荒川 真伍　一色 俊秀　伊藤 毅　稲垣 敬子　岩本 卓馬
江崎 舞　江藤 元彦　大田 豊　大橋 真人　岡﨑 和恵
小笠原 純女　岡田 和人　岡部 祐一　荻原 利明　小野 公輔
尾内 健知　片桐 友美　加藤 田歌　加藤 史代　金森 裕樹
鹿野 喜司　嘉満 淳　上林 加代子　上山 哲史　川崎 伸子
川人 慎右　河村 なつみ　川本 裕司　北野 嘉久　木下 洋二郎
楠 哲夫　久保 友理恵　久保原 淳一　栗木 妙　黒田 岳史
黒田 英邦　幸森 史　越豐 文雄　小館 哲久　駒田 達雄
澤田 みちる　菅原 俊光　柴田 順子　嶋倉 幸平　島崎 雄大
鄒 琳　杉山 俊郎　鈴木 賢一　鈴木 貴志　善田 陽一
曽根原 士郎　竹田 智康　竹本 佳嗣　立花 保昭　田中 康寛
田谷 佳織　値賀 千尋　長司 重明　土屋 貴紀　徳田 涼太
冨田 勲　冨山 和子　中井 信彦　永井 潤　中島 範之
中村 ちえ子　成田 麻里子　原瀬 雄一　樋口 美由紀
扶川 祥平　福田 健一　藤谷 慎吾　保谷 英希　前田 賢一
桝井 理恵子　南井 厚美　宮西 純子　村上 智子　村田 康男
森 彩子　守本 有希　山内 宣正　山口 千佳　山崎 篤
山下 正太郎　山本 美保　横田 早紀　横手 綾美　吉村 茉莉
若原 強　渡邉 聡　渡邊 陽子

＊紙面構成上、すべての人のノートが掲載されているわけではありません。

＊文中に掲載されている商品は、2016年時点のものです。

本書は、KADOKAWAより刊行された『たった1分ですっきりまとまるコクヨのシンプルノート術』を、文庫収録にあたり改題したものです。

コクヨ株式会社（こくよかぶしきがいしゃ）

一九〇五年創業。文具、事務用品を製造・販売するステーショナリー関連事業と、オフィス家具、公共家具の製造・販売、オフィス空間構築などを行うファニチャー関連事業、オフィス用品の通販とインテリア・生活雑貨の販売を行う通販・小売関連事業から成る。代表商品でもある「キャンパスノート」は発売から四〇年以上の歴史があり、今なお日本人に愛され続ける文具アイテムである。

著書に、『仕事がサクサクはかどる　コクヨのシンプル整理術』（ＫＡＤＯＫＡＷＡ）がある。

知的生きかた文庫

コクヨの結果を出すノート術

著　者　コクヨ株式会社
発行者　押鐘太陽
発行所　株式会社三笠書房
〒一〇二-〇〇七二　東京都千代田区飯田橋三-三-一
電話〇三-五二二六-五七三四〈営業部〉
　　〇三-五二二六-五七三一〈編集部〉
http://www.mikasashobo.co.jp
印刷　誠宏印刷
製本　若林製本工場

ISBN978-4-8379-8637-9 C0130

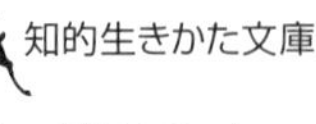
知的生きかた文庫

頭のいい説明「すぐできる」コツ
鶴野充茂

「大きな情報→小さな情報の順で説明する」「事実＋意見を基本形にする」など、仕事で確実に迅速に「人を動かす話し方」を多数紹介。ビジネスマン必読の1冊！

なぜかミスをしない人の思考法
中尾政之

「まさか」や「うっかり」を事前に予防し、時にはミスを成功につなげるヒントとは――「失敗の予防学」の第一人者がこれまでの研究成果から明らかにする本。

できる人の語彙力が身につく本
語彙力向上研究会

あの人の言葉遣いは、「何か」が違う！「舌戦」「仄聞」「鼎立」「不調法」「鼻薬を嗅がせる」「半畳を入れる」……。知性がきらりと光る言葉の由来と用法を解説！

時間を忘れるほど面白い雑学の本
竹内 均【編】

1分で頭と心に「知的な興奮」！身近に使う言葉や、何気なく見ているものの面白い裏側を紹介。毎日がもっと楽しくなるネタが満載の一冊です！

気にしない練習
名取芳彦

「気にしない人」になるには、ちょっとした練習が必要。仏教的な視点から、うつうつ、イライラ、クヨクヨを〝放念する〟心のトレーニング法を紹介します。

C50333